1

ΤΙΤΛΟΣ : ΔΙΚΑΙΕΣ ΑΝΑΤΡΟΠΕΣ – FAIR TWISTS

ΣΥΓΓΡΑΦΕΑΣ : ΠΑΝΑΓΙΩΤΑ ΜΠΛΕΤΑ

ΦΩΤΟΓΡΑΦΙΑ/EDITING ΕΞΩΦΥΛΛΟΥ : ΠΑΝΑΓΙΩΤΑ ΜΠΛΕΤΑ

ΦΩΤΟΓΡΑΦΙΑ ΣΥΓΓΡΑΦΕΑ : PETER TAMAS

COPYRIGHT : ΠΑΝΑΓΙΩΤΑ ΜΠΛΕΤΑ

ΔΕΚΕΜΒΡΙΟΣ 2016

Email : bletas.p1@gmail.com

Facebook/Twitter: Panagiota Bletas

ΔΙΚΑΙΕΣ ΑΝΑΤΡΟΠΕΣ - FAIR TWISTS

ΠΑΝΑΓΙΩΤΑ ΜΠΛΕΤΑ

ΠΕΡΙΕΧΟΜΕΝΑ

ΒΙΟΓΡΑΦΙΚΟ ΣΗΜΕΙΩΜΑ

Σε αυτό το βιογραφικό μονόλογο , θα προσπαθήσω να παρουσιάσω όλες τις πτυχές όχι μόνο του επαγγελματικού και πνευματικού μου χαρακτήρα, αλλά και του ανθρώπινου, καθώς αυτός με καθορίζει συνολικά, στην πορεία μου στη ζωή.

Γεννήθηκα στη Λακωνία, από όπου και πήρα το μαχητικό πνεύμα του Λεωνίδα, που εμφανίζεται πιο έντονα στο δεύτερο βιβλίο μου "UNFUCKTHEWORLD", σε ελεύθερη μετάφραση «ΕΛΕΥΘΕΡΩΣΤΕ ΤΟΝ ΚΟΣΜΟ». Είμαι πολύ περήφανη για τη γενέτειρά μου γι' αυτό και ξεκίνησα την παρουσίαση του δεύτερου βιβλίου μου από τη Λακωνική γη. Μεγάλωσα σε έναν άλλο επίσης ιστορικό τόπο το Χαλάνδρι ,κοντά στο περίφημο θέατρο της Ρεματιάς.

Είχα την τύχη να κάνω εξαιρετικές σπουδές και στο πρώτο πτυχίο αλλά και στο μεταπτυχιακό, σε μεγάλα πανεπιστήμια της Νέας Υόρκης, καθώς επίσης και να ζήσω την έντονη πολυεπίπεδη Νέα Υόρκη, την Μέκκα της επιχειρηματικότητας αλλά και της τέχνης σε όλο της το μεγαλείο, να γνωρίσω πολλούς και διαφορετικούς ανθρώπους, να κάνω υπέροχους φίλους και να ανταλλάξω κουλτούρα, παράδοση, ιδέες...

Στην πολιτική μου πορεία δραστηριοποιήθηκα στο χώρο της Τοπικής αυτοδιοίκησης όπου και διακρίθηκα:

• Αντιδήμαρχος Χαλανδρίου - Πρόεδρος των Δημοτικών Επιχειρήσεων Πολιτισμού και Ανάπτυξης στο Δήμο Χαλανδρίου

• Δημιούργησα το πρώτο Δημοτικό Κ.Ε.Π. –Κέντρο Εξυπηρέτησης του Πολίτη στην Ελλάδα –Κ.Ε.Π. Χαλανδρίου

• Υποψήφια Νομάρχης-Νομός Λακωνίας. Επικεφαλής Νομαρχιακής Παράταξης

• Εξέδιδα πρότυπο Newsletter με τα Ευρωπαϊκά προγράμματα που αφορούσαν ανέργους, αγρότες, ελεύθερους επαγγελματίες, επιχειρηματίες κτλ. και προώθησα την απορρόφησή τους στην νομό

Στην επαγγελματική μου πορεία :

• Συνεργάστηκα με μεγάλους επιχειρηματικούς ομίλους, που δραστηριοποιούνται στο χώρο της έρευνας , επικοινωνίας, των call centers ,των συμβουλευτικών υπηρεσιών, της επαγγελματικής εκπαίδευσης καθώς και της εστίασης αναλαμβάνοντας υψηλές διοικητικές θέσεις.

• Σχεδίασα και υλοποίησα προγράμματα, με σημαντικά ωφέλιμη αξία για το Ελληνικό κοινό –Γραμμή Ενημέρωσης σεισμόπληκτων 0800-18000, Γραμμή Εξυπηρέτησης Πολιτών 1464 κτλ

Τα τελευταία χρόνια ασχολούμαι με την αρθρογραφία και τη συγγραφή. Έχουν εκδοθεί: τα πολιτικά βιβλία «ΔΙΚΑΙΕΣ ΑΝΑΤΡΟΠΕΣ-FAIR TWISTS», «ΙΣΧΥΡΕΣ ΑΛΗΘΕΙΕΣ-ΑΝΙΣΧΥΡΟΙ ΗΓΕΤΕΣ», «ΟΙ ΠΕΝΗΝΤΑ ΑΠΟΧΡΩΣΕΙΣ ΤΟΥ ΠΟΛΕΜΟΥ», το οικονομικό δοκίμιο «ΤΟ ΔΟΓΜΑ ΤΗΣ ΦΤΩΧΕΙΑΣ» και πέντε ποιητικές της συλλογές «FUCK YOU-ΚΑΝΕ ΤΗΝ ΑΝΑΤΡΟΠΗ», «UNFUCK GREECE», «ΓΡΑΜΜΑΤΑ ΣΕ ΜΙΑ ΧΑΜΕΝΗ ΠΑΤΡΙΔΑ», «UNFUCK THE WORLD» (έχει εκδοθεί και στα αγγλικά) και «ΓΥΜΝΕΣ ΕΞΟΜΟΛΟΓΗΣΕΙΣ».

Παναγιώτα Μπλέτα – Συγγραφέας/Διανοήτρια
e-mail: bletas.p1@gmail.com
Facebook/Twitter:Panagiota Bletas

ΔΗΜΟΣΙΕΥΣΕΙΣ

Τα άρθρα δημοσιεύτηκαν και αναδημοσιεύτηκαν σε μεγάλα και μικρά sites, σε έντυπες και διαδικτυακές εφημερίδες, καθώς και σε πολλά blogs, εγχώρια και ξένα.

Ενδεικτικά αναφέρω:

WWW.ATTICACOAST.GR

WWW.NOW24.GR

WWW.MCNEWS.GR

WWW.LEFESPEED.GR

WWW.DIMOI-NEWS.GR

WWW.NEW-DEAL.GR

Η ΣΦΗΚΑ

ΑΝΕΜΟΣ ΑΝΤΙΣΤΑΣΗΣ

ΠROTAGORASNEWS

ΠΟΛΙΤΙΚΕΣ ΚΑΙ ΠΟΛΙΤΙΣΜΙΚΕΣ ΣΥΖΗΤΗΣΕΙΣ

ΑΜΕΙΝΙΑΣ Ο ΠΑΛΛΗΝΕΥΣ

ΑΧΑΡΝΑΙΚΗ

Και πολλά άλλα…

ΤΟΥΣ ΕΥΧΑΡΙΣΤΩ ΟΛΟΥΣ

ΠΡΟΛΟΓΟΣ

Οι ανατροπές σε έναν κόσμο που μαστίζεται από την φτώχεια και την καταπίεση δεν μπορεί παρά να είναι δίκαιες. Το ζητούμενο είναι όμως, κατά πόσο έρχεται το επιθυμητό αποτέλεσμα για την Δημοκρατία.

Η αλλοτρίωση του πολιτικού συστήματος επέτρεψε την διαβάθμιση στην πολιτική κλίμακα, όχι με βάση την ιδεολογία αλλά τις κοινωνικές συμφωνίες που δεν ολοκληρώνονται. Κομματικοί μηχανισμοί διεκδικώντας την εξουσία, απομακρύνονται από τα ιδεολογικά συμβόλαια που υπογράφουν προεκλογικά , με αποτέλεσμα η χρήση της εξουσίας που κάνουν στην πορεία να καταλήγει παράνομη και καταχρηστική.

Όποιος όμως έχει τη νομή της εξουσίας επηρεάζει και την δικαιοσύνη κατά τον ανάλογο τρόπο στην πρακτική της ετυμηγορία, με αποτέλεσμα κανείς να μην τιμωρείται για τα κακώς κείμενα και έτσι να δημιουργούνται καινούργιοι κομματικοί κλώνοι που στόχο έχουν να απορροφήσουν την επικείμενη ανατροπή που φαίνεται να οδηγείται ο λαός.

Η απορρόφηση των κραδασμών μια επικείμενης κοινωνικής κρίσης αποτελεί σήμερα το case study του συστήματος, έτσι ώστε να μπορεί να κυβερνά ανενόχλητο με πολλά πρόσωπα.

Είναι λοιπόν η ΑΝΑΤΡΟΠΗ η λύση ;

Η ανατροπή αυτή καθ' αυτή σπέρνει τον σπόρο της αντίστασης στις γενιές που έρχονται να συμμετέχουν, ακόμη κι αν η επόμενη μέρα αποτελεί μέρα αγώνα. Και αυτό γιατί κάθε μέρα πρέπει να αποτελεί μέρα αγώνα και όχι εφησυχασμού.

Η διαλεκτική του φόβου αποτελεί τέχνη τραγική, καθώς ξυπνάει στον άνθρωπο τον εγκληματία που έχει μέσα του, είτε αποτελεί τον θύτη είτε αποτελεί το θύμα. Και απόλυτα ψυχικά ισορροπημένος πολίτης δεν είναι κανείς για να την αντιπαρέρθει, χωρίς να υψώσει το ανάστημα του σε επίπεδο συνείδησης.

Ο «κανονικός» πολίτης που χτίζεται με τις κατεστημένες αντιλήψεις περί κοινωνικής συνύπαρξης, δεν αποτελεί παρά το όχημα της διχοτόμησης του ανθρώπου πάνω σε τρακάρισμα απωθημένων πολιτικών και οικονομικών τάσεων.

Η δίκαιη κοινωνική συμβίωση που ανακατανέμει τις οικονομικές απολαβές προς όφελος των αδύνατων, δεν μπορεί να στηριχθεί επάνω σε κανονικότητες, αλλά πάνω σε ανισότητες που υφίσταται η ζωή.

Έτσι λοιπόν είναι μοιραίο το ένστικτο της καταστροφής να ξαναφέρνει οτιδήποτε ζωντανό στην αρχέγονη του κατάσταση. Είναι μοιραίο η ανατροπή να εμπεριέχει την καταστροφή και το χτίσιμο από την αρχή.

Αν υποθέσουμε ότι μοιάζει με το σεξουαλικό ανικανοποίητο, η ανατροπή μπορεί να φέρει δυστυχία στην αρχή μέχρι να βρεθεί η ισορροπία, που όμως θα αποτελέσει αγωγή πολιτικής συμπεριφοράς για τις γενιές που έρχονται.

Το έσχατο νόημα της ύπαρξης στον κόσμο αποτελεί, η εξέλιξη του ανθρώπου να πιστέψει, ότι οι μαγικές ανάγκες δεν είναι διέξοδος στην μηχανοποίηση της ζωής του, αλλά παγίδα για να καταναλώνει και να αδικεί περισσότερο.

Η ανθρώπινη φύση πρέπει να προβληματίζεται όταν ο πολιτισμός που δημιούργησε δεν την υπηρετεί, αλλά κωφεύει μπροστά στα «διαχειρίσιμη» ανησυχία όσων θέλουν να σώσουν τον κόσμο για λογαριασμό τους.

Η ανησυχία οφείλει να μην είναι διαχειρίσιμη, αλλιώς κινδυνεύει να υπακούσει στο ένστικτο της παρακμής.

Η ανησυχία οφείλει να είναι αυθεντική, που σημαίνει γεννημένη στην επικοινωνία με τον άνθρωπο και τις πραγματικές του ανάγκες.

Αυτή η ανησυχία, μπορεί να φέρει την ανατροπή ως αποκλειστικό κριτήριο της δημιουργίας ενός καλύτερου κόσμου, όπου το προσωπικό στοιχείο δεν θα εξαφανίζεται προς χάρη της οικονομίας, αλλά η οικονομία θα σκύβει στις ξεχωριστές προσωπικές ανάγκες του κάθε λαού.

Ιδέα σαν την αιώνια ειρήνη δεν υπάρχει. Ανατροπές υπάρχουν μόνο άλλες επιτυχημένες και άλλες αποτυχημένες, που όμως ευθύνονται να κάνουν τη ζωή του ανθρώπου καλύτερη…

ΑΡΘΡΟ 1ο

ΟΤΑΝ ΚΑΤΑΡΡΕΟΥΝ ΤΑ ΠΑΝΤΑ...

Με μια Ελληνική κυβέρνηση που ολισθαίνει , με την αριστερή σημαία σε υποστολή και τα λαό της σε εξέγερση. Με μια Ευρώπη που αναζητά τη λογική που έχει χάσει. Με μετανάστες εντός και εκτός συνόρων. Με τόσους ληστές τριγύρω. Με τη χώρα να ζει την πιο εφιαλτική περίοδο στην ιστορία της μέχρι σήμερα , ακόμα και οι θερμότεροι υποστηρικτές των μνημονίων αρχίζουν να αναρωτιούνται, τι πήγε τόσο στραβά με τους λεγόμενους «συμμάχους»...

Στις Βρυξέλλες έχουν αντιληφθεί ότι οι Έλληνες είναι ένας λαός που αντιστέκεται. Τα δημοσιονομικά είναι απλά η αφορμή για να βάλουν σε τάξη την «ιδεολογική ανταρσία». Η στοχοποίηση-ενοχοποίηση της χώρας έχει απώτερους στόχους , που εξυπηρετούν οικονομικά συμφέροντα εντός και εκτός Ευρώπης, σίγουρα όμως όχι της Ελλάδας.

Η πολιτική των μνημονίων απέτυχε ακόμη και στα μάτια των υποστηρικτών τους. Και αυτό γιατί αποκαλύπτεται επιτέλους η αλήθεια. Η Ευρώπη δεν ενδιαφέρεται για καμιά Ελλάδα. Η Ευρώπη καθίσταται πλέον ακατάλληλη οικογένεια για τους Έλληνες. Τα υπόλοιπα είναι απλά η αίσθηση του χαμένου χρόνου, από το σοκ που δοκίμασε για χρόνια αρκετούς από εμάς : «Χωρίς την Ευρώπη τι;»

Η στιγμή αυτή απαντάει λοιπόν στην Ιστορία: «Χωρίς την Ευρώπη απομένει η Ελλάδα. Μόνη της , ολόκληρη, ακέραιη...»

Η ανεξέλεγκτη εισροή μεταναστών στη χώρα, με μια Ευρώπη που δεν συνεργάζεται ούτε ηθικά ούτε οικονομικά για την αποκατάσταση τους, έχει δημιουργήσει τεράστια κοινωνικά και οικονομικά προβλήματα, όχι μόνο για τους μετανάστες αλλά και για την ίδια τη χώρα. Οι δομές περίθαλψης πρόνοιας, ασφάλισης , εργασίας , παιδείας δεν μπορούν να ανταποκριθούν για τον Έλληνα πολίτη , πόσο μάλλον για τον μετανάστη.

Η λύση του μεταναστευτικού επιτάσσει καταρχήν οικονομική δυνατότητα ένταξης από μέρους της χώρας που φιλοξενεί, προκειμένου να δημιουργηθούν οι κατάλληλες υποδομές προσαρμογής τους στην κοινωνία, την εργασία. Ακόμη και χώρες με σοβαρούς ρυθμούς ανάπτυξης δεν θα μπορούσαν όμως να αντέξουν αυτή την αθρόα εισροή σε ρυθμούς και νούμερα.

Η Ελλάδα που δοκιμάζεται αυτή τη στιγμή με δυσβάστακτους φόρους, με την ανεργία να ταλανίζει περίπου το μισό πληθυσμό της χώρας , με τις παραγωγικές, μεταποιητικές , εμπορικές δομές να συρρικνώνονται, με τους ελεύθερους επαγγελματίες επιστήμονες και μη να κλείνουν βιβλία, με τους μισθούς να μειώνονται , με τις συντάξεις που συντηρούν δυο και τρία νοικοκυριά να περικόπτονται, με το κόστος ζωής να ανεβαίνει, όχι μετανάστες δεν μπορεί να απορροφήσει αλλά ούτε και τα ίδια της τα παιδιά, τα οποία διοχετεύονται στο εξωτερικό.

Η πολιτική πίεσης από την Ευρωπαϊκή Ένωση, για ακόμη σκληρότερα οικονομικά μέτρα σε βάρος του Έλληνα πολίτη, καθιστά ακόμη πιο δύσκολη τη θέση της Ελλάδας, απέναντι σε αυτές τις εξελίξεις και η χώρα μετατρέπεται σε ένα καζάνι που βράζει.

Οι βελούδινες πολιτικές εξόντωσης σε καιρό ειρήνης δεν ξεγελούν κανέναν πια. Και οι στρατηγικές χειραγώγησης εκπυρσοκροτούν πίσω.

Ο πόλεμος που έχει ξεκινήσει και δυστυχώς τώρα αρχίζουν να αντιλαμβάνονται οι περισσότεροι ότι έχει πολλά θύματα, δεν περιλαμβάνει των πόλεμο εσωτερικά των τάξεων μια κοινωνίας, αλλά ολόκληρης της κοινωνίας απέναντι σε ένα σύστημα που γεννάει καταστροφή για να υποτάσσει του λαούς και να κλέβει τις περιουσίες τους.

Αυτό ήταν το σοβαρότερο επίτευγμα της παγκοσμιοποίησης, να δημιουργήσει την καινούργια τάξη πραγμάτων. Να μετατρέψει την πάλη των τάξεων σε πάλη συνολικά των λαών για επιβίωση. Να δημιουργήσει λιγότερους πλούσιους και περισσότερους φτωχούς χωρίς εθνική ταυτότητα.

Οι επαγγελματικές , οικονομικές και κοινωνικές τάξεις ή μια μετά την άλλη καταρρέουν. Δεν υπάρχει εργάτης, παραγωγός, έμπορος, ελεύθερος επαγγελματίας, επιστήμονας, μικρομεσαίος, βιοτέχνης, βιομήχανος που να μην έχει γονατίσει.

Η μιζέρια χτύπησε και την πόρτα της αστικής τάξης. Και από εκεί θα εκπορευτούν τα ευτράπελα. Από εκεί θα προέλθουν οι καινούργιες κουκούλες με τις μολότοφ...

ΑΡΘΡΟ 2ᵒ

ΠΛΑΣΤΙΚΟ ΧΡΗΜΑ VS ΜΕΤΡΗΤΑ

Το ενδεχόμενο, κάποια στιγμή στο μέλλον, όλες οι συναλλαγές να γίνονται με πλαστικό χρήμα και όχι με μετρητά είναι προ των πυλών.

Γερμανοί οικονομολόγοι έχουν προτείνει να καταργηθούν τα μετρητά και όλες οι συναλλαγές στο μέλλον να γίνονται με πλαστικό χρήμα.

Το σενάριο της κατάργησης όμως των μετρητών διχάζει τους ειδικούς και αυτό γιατί άλλη ομάδα διακεκριμένων οικονομολόγων υποστηρίζει ότι τα χαρτονομίσματα είναι και ένας είδος οικονομικής ελευθερίας σε έντυπη μορφή.

Για να δούμε όμως τα θετικά και αρνητικά αυτού του σεναρίου.

-Η ωφέλεια του κράτους συνίσταται στην παρακολούθηση της φορολόγησης της κάθε συναλλαγής , καθώς και στην μείωση του κόστους κοπής χρήματος, αλλά από την άλλη μεριά καθίσταται επικίνδυνο για μια χώρα να βρίσκονται εκτεθειμένα τα προσωπικά δεδομένα των πολιτών της στα χέρια των δανειστών της, αλλά και της όποιας εξουσίας μπορεί να ασκήσει πολιτική ή οικονομική βία.

-Η ωφέλεια του πολίτη συνίσταται στη διευκόλυνση των συναλλαγών του αλλά με φανερές και κρυφές επιβαρύνσεις (επιτόκια, επιτόκια υπερημερίας κτλ.), ενώ πάντα θα ελλοχεύει και ο κίνδυνος κλοπής. Το πιο σημαντικό μειονέκτημα όμως είναι η στέρηση στην ελευθερία των συναλλαγών του και η έκθεση των προσωπικών του δεδομένων.

-Η ωφέλεια των επιχειρήσεων συνίσταται στο ότι, με το πλαστικό χρήμα θεωρητικά θα εκπίπτουν τα έξοδά τους για την αποθήκευση του πραγματικού χρήματος, αλλά θα περιορίζονται οι συναλλαγές μικρότερης αξίας λόγω την άρνησης των καταναλωτών να υιοθετήσουν το πλαστικό χρήμα, ενώ θα χρεώνονται και τις προμήθειες των τραπεζών.

-Η ωφέλεια των τραπεζών συνίσταται στο ότι με την υποχρεωτική χρήση καρτών οι τράπεζες αποκτούν ελεγκτικό ρόλο παντού, σε καταναλωτές, επιχειρήσεις και θα εισπράττουν προμήθεια από παντού. Το κορυφαίο είναι όμως σε αυτή την περίπτωση, ότι οι τράπεζες δεν είναι κρατικές αλλά ιδιωτικές και ο πολίτης/καταναλωτής καθώς και οι επιχειρήσεις και κατά επέκταση ένα κράτος, γίνονται όμηροι κάποιων ιδιωτικών συμφερόντων που τις περισσότερες φορές δεν είναι καν εγχώρια.

Επειδή όμως τα συναλλακτικά ήθη στα κράτη μέλη της Ευρωζώνης δεν είναι ενιαία και αυτό γιατί υπάρχουν μεγάλες διαφορές στις ευρωπαικές χώρες, θα είναι δύσκολη η προσαρμογή του εγχειρήματος γενικότερα.

Σε πολλές χώρες, όπως και στη Γερμανία, οι εννέα στους δέκα πληρώνουν μικρότερα ποσά με μετρητά και για αυτό το λόγο έχουν προκύψει έντονες αντιδράσεις. Πρόσφατη μελέτη της Bundesbank έδειξε ότι το 79% των πληρωμών στη Γερμανία γίνονται με μετρητά.

Μόλις την προηγούμενη εβδομάδα το υπουργείο Οικονομικών της Γερμανίας πρότεινε να απαγορευθούν οι πληρωμές σε μετρητά άνω των 5.000 ευρώ, καθώς και τα χαρτονομίσματα των 500 ευρώ και σήκωσε θύελλα αντιδράσεων από μέρους των πολιτών . Πολιτικές ομάδες, από τους Πράσινους έως το ακροδεξιό AfD, καταδίκασαν τα προτεινόμενα μέτρα, καθώς θεώρησαν ότι παραβιάζουν ευαίσθητα προσωπικά δεδομένα.

Αλλά και στη Βρετανία το ποσοστό πληρωμής με μετρητά ανέρχεται στο 48%, σύμφωνα με την ίδια έρευνα.

Το τελικό συμπέρασμα είναι, ότι τα μετρητά επιτρέπουν στον πολίτη να παραμένει ανώνυμος στις καθημερινές του συναλλαγές και έτσι μπορεί και προσδιορίζει τη ζωή του χωρίς εξωτερικές παρεμβάσεις. Και αυτό είναι νόμιμο δικαίωμα σε μία συνταγματική δημοκρατία…

ΑΡΘΡΟ 3°

Η ΑΣΥΜΜΕΤΡΙΑ ΤΟΥ ΠΡΟΣΦΥΓΙΚΟΥ

Το προσφυγικό είναι ένα θέμα με πολλές διαστάσεις.

Από τον τρόπο που εκτυλίσσεται η ιστορία , μπορεί εύκολα να καταλάβει κανείς ότι πρόκειται για ένα προσχεδιασμένο σενάριο, με πολλαπλούς στόχους.

Η ISIS αποτελεί μία τρομοκρατική οργάνωση η οποία κανένα πολιτικό χαρακτήρα δεν έχει. Ο προσανατολισμός των ηγετών της καθώς και του Ισλαμικού κράτους που έχουν ιδρύσει , αποτελεί την προσάρτηση αραβικών εδαφών. Για αυτό και δεν διστάζουν μπροστά στον ξεριζωμό χιλιάδων αράβων από τον τόπο τους.

Το θρησκευτικό προκάλυμμα προβάλλεται, καθαρά για να καλύψει τα ιδεολογικά κενά που έχει ο πόλεμος τον οποίο έχουν ξεκινήσει.

Έτσι από τα συγκεκριμένα χτυπήματα της Αλ Κάιντα ενάντια στη Δύση που λεηλατούσε τον πλούτο του Αραβικού κόσμου, περάσαμε σε προσωπικές φιλοδοξίες των ηγετών της εξελιγμένης Αλ Καιντα που αποτελεί η ISIS , που όμως ταίριαζαν γάντι με την Αμερικανική φιλοσοφία του Διαίρει και Βασίλευε, που ενίσχυσε την ISIS προς αυτή την κατεύθυνση.

Και έτσι μένουν όλοι ευχαριστημένοι...

Η Αμερική έχοντας εισπράξει την κατακραυγή όλου του κόσμου , αλλά και των ίδιων των πολιτών της, για την στρατηγική πολέμου που ακολουθεί τόσα χρόνια παρεμβαίνοντας στα εσωτερικά άλλων χωρών, χρησιμοποιεί τώρα εκτελεστηκάριους υπεράνω υποψίας να κάνουν τη βρώμικη δουλειά.

Παράλληλα, Αμερική, Αγγλία, Γαλλία προμηθεύουν με όπλα και άρματα μάχης την ISIS και έτσι απεγκλωβίζουν χρήματα , προκειμένου να τονώσουν τις οικονομίες τους. Και από την άλλη αντιπραγματεύονται πετρέλαιο χαμηλού κόστους.

Το πετρέλαιο μετά από πλήθος μελετών αποδείχθηκε ότι δεν μπορεί να αντικατασταθεί πλήρως από το φυσικό αέριο. Κατά συνέπεια οι ανάγκες σε πετρέλαιο έγιναν πιο επιτακτικές από ποτέ.

Η πρόσβαση στο φθηνό πετρέλαιο στις χώρες του Αραβικού κόσμου, όταν τα υπόλοιπα αποθέματα του εξαντλούνται, αποτελεί στόχο πρώτο.

Στόχο δεύτερο αποτελεί η εκτόπιση από την αγορά πετρελαιαγωγικών χωρών όπως αυτές της Λατινικής Αμερικής και της Ρωσίας.

Η κατάπτωση της οικονομίας της Βενεζουέλας , που στηρίζει την οικονομία της κυρίαρχα στην παραγωγή πετρελαίου, προήλθε ακριβώς από αυτή τη καραμπόλα.

Στόχο τρίτο αποτελεί η πρόσμιξη των πληθυσμών των προσφύγων με την γερασμένη Ευρώπη. Γεγονός που σημαίνει ανανεώσιμη καταναλωτική δύναμη.

Στόχο τέταρτο αποτελεί ο γεωστρατηγικός έλεγχος χωρών, που αποτελούν τα ενδιάμεσα σημεία σύνδεσης με τον Αραβικό κόσμο, τη Ρωσία και τη Τουρκία.

Στόχο πέμπτο αποτελεί η ανακατανομή εδαφών και ο σταδιακός τεμαχισμός χωρών, όπως η Τουρκία που αποτελούν πολιτικό κίνδυνο λόγου του όγκου του πληθυσμού τους στην ενσωμάτωση τους με την Ευρώπη.

Ακριβώς όπως έγινε και με τα Βαλκάνια.

Στόχο έκτο αποτελεί η απορρόφηση των φυσικών οικονομικών πόρων των χωρών, καθώς τα αποθέματα πλούτου δεν επαρκούν για όλο τον πληθυσμό του πλανήτη, γιατί είναι συγκεντρωμένα σε συγκεκριμένα χέρια.

Για όλους αυτούς τους λόγους η ISIS παραμένει ακόμη σε δράση. Τα επιλεκτικά τρομοκρατικά χτυπήματα όπως αυτά στη Γαλλία αποτελούν απλά προβοκάτσια, που σημαίνει ότι αφέθηκαν να συμβούν για να επηρεάσουν εγχώριες πολιτικές ισορροπίες και να αιμοδοτήσουν χρεοκοπημένες κυβερνήσεις.

Η ISIS έχει συγκεκριμένο λόγο ύπαρξης. Και αν δεν υπήρχε θα έπρεπε να εφευρεθεί από τα δυτικά καθεστώτα, προκειμένου για ένα ακόμη ισχυρό εργαλείο στον έλεγχο του υπόλοιπου κόσμου. Το σημαντικότερο δε από όλα είναι το γεγονός, ότι διατηρεί το άλλοθι της ιδεολογικής αντίστασης στην ιμπεριαλιστική δύση.

Ένα στημένο παιχνίδι για δύο μόνο παίχτες. Οι μεν τζιχαντιστές λόγω της υποβαθμισμένης κουλτούρας τους, που κάνουν πόλεμο μεταξύ τους, θεωρώντας ότι ο πόλεμος γίνεται ακόμη με τα όπλα και η Δύση που κάνει πόλεμο σε ολόκληρο τον κόσμο.

Αυτός είναι και ο λόγος που δεν υπήρξε ποτέ , ούτε θα υπάρξει σχέδιο καταστροφής της ISIS, που αποτελεί ένα ισχυρό νεωτερικό εργαλείο εκφοβισμού του υπόλοιπου κόσμου.

Η ISIS δεν αποτελεί παρά μια ακόμη εφαρμογή του δόγματος του ΣΟΚ. Ένα ακόμη προιόν διαφημιστικής βίας.

Οι πρόσφυγες από την άλλη μεριά, τα μεγάλα θύματα της υπόθεσης, αποτελούν ένα τρομαγμένο σώμα ανθρώπων που με βία προσπαθούν να το εντάξουν σε άλλες χώρες, προκειμένου να αλλάξουν την σύνθεση των πληθυσμών, όχι όμως με τη λογική της ενσωμάτωσης της διαφορετικότητας όπως ευαγγελίζονται , αλλά με την λογική της εκρίζωσης της εθνικής κουλτούρας των λαών, ειδικά αυτών που διαθέτουν ιστορία.

Κατά αυτόν τον τρόπο προάγουν ένα μοντέλο διεθνοποιημένης διακυβέρνησης των λαών, μειώνοντας έτσι τα αντανακλαστικά αντίστασης τους, το οποίο αντίκειται όμως σε κάθε έννοια Δημοκρατίας. Γιατί η Δημοκρατία θέλει πλουραλισμό και όχι ενός συστήματος αρχή…

Έτσι ακριβώς δημιουργούν μαζικότερα κανάλια κατανάλωσης και φθηνής εργασίας , προκειμένου για την απορρόφηση των πολυεθνικών προιόντων , που σημάνει στη τεχνοκρατική γλώσσα υψηλότερες πωλήσεις-χαμηλότερα κόστη = περισσότερα κέρδη. Κέρδη, που όμως νέμονται συγκεκριμένες ομάδες που χειραγωγούν πολιτικά τον κόσμο.

Τα συμπεράσματα δικά σας…

ΑΡΘΡΟ 4⁰

ΤΡΡ ΚΑΙ ΤΤΙΡ ΑΠΕΙΛΟΥΝ ΚΑΙ ΤΙΣ ΤΕΛΕΥΤΑΙΕΣ ΚΟΙΝΩΝΙΚΕΣ ΚΑΙ ΟΙΚΟΝΟΜΙΚΕΣ ΙΣΟΡΡΟΠΙΕΣ ΣΤΟΝ ΠΛΑΝΗΤΗ

Η Trans-Pacific Partnership (TPP), η προτεινόμενη συμφωνία ελεύθερων συναλλαγών μεταξύ των ΗΠΑ , Ιαπωνίας και άλλων 10 κρατών του Ειρηνικού (Καναδάς, Αυστραλία, Νέα Ζηλανδία, Χιλή, Μπρούνει, Μαλαισία, Μεξικό , Περού, Σιγκαπούρη, και Βιετνάμ), που αποτελούν το 40% της παγκόσμιας οικονομίας, αποτελεί πια πραγματικότητα.

Μετά από αρκετά χρόνια και συνεχιζόμενες διαπραγματεύσεις, οι υπουργοί εμπορίου των χωρών μελών της ΤΡΡ υπέγραψαν την τελική συμφωνία στις 4 Φεβρουαρίου 2016.

Οι υποστηρικτές της ΤΡΡ ισχυρίζονται, ότι αποτελεί ευκαιρία για την τόνωση της οικονομικής ανάπτυξης και της απασχόλησης μέσω της επέκτασης του εμπορίου και των επενδύσεων. Το Ινστιτούτο Οικονομικών Peterson, με την συγκάλυψη της Παγκόσμιας Τράπεζας, προβλέπει ότι οι μισθοί και τα εθνικά εισοδήματα των χωρών –μελών θα παραμείνουν αμετάβλητα, ενώ παράλληλα θα αυξηθούν οι ξένες επενδύσεις, προκειμένου να ενταθεί η ανάπτυξη.

Σύμφωνα όμως με σχετική έρευνα του αμερικάνικου πανεπιστημίου Tufts, η εφαρμογή τα συμφωνίας Trans-Pacific Partnership η αλλιώς ΤΡΡ θα οδηγήσει

- στην απώλεια περίπου 6 εκατομμυρίων θέσεων εργασίας,
- στην συμπίεση μικρών και μεσαίων εισοδημάτων,
- στην μείωση της ζήτησης,
- στην αύξηση των ανισοτήτων, λόγω του ανοίγματος της ψαλίδας μεταξύ των εισοδημάτων,

όχι μόνο στις χώρες μέλη της ΤΡΡ, αλλά και σε αυτές που συναλλάσσονται μαζί τους.

Παράλληλα τομείς όπως η υγεία, η ασφάλεια των τροφίμων και το περιβάλλον θα κινδυνεύσουν λόγω της μη ρύθμισης της αγοράς με στοιχειώδεις κανόνες.

Τουναντίον η ΤΡΡ υπεραμύνεται της θέσπισης κανόνων, προκειμένου για την ανεξέλεγκτη δράση των μεγάλων πολυεθνικών επιχειρήσεων και την επαναφορά των μονοπωλίων από την πίσω πόρτα.

Αυτό σημαίνει μείωση της τοπικής επιχειρηματικότητας, καθώς δεν θα μπορούν να ανταγωνιστούν τα χαμηλά κόστη παραγωγής και εργασίας των πολυεθνικών που θα προέρχονται από χώρες μέλη της ΤΡΡ, καθώς και έλεγχο της κρατικής επιχειρηματικότητας.

Αναντίρρητα όλα αυτά θα οδηγήσουν σε σοβαρή μείωση του δημόσιου συμφέροντος της κάθε χώρας , καθώς τα κέρδη δεν θα επενδύονται στις τοπικές κοινωνίες, αλλά θα συγκεντρώνονται στα χέρια των ξένων επενδυτών.

19

Ένα άλλο, εξίσου σημαντικό μειονέκτημα αυτή της συμφωνίας είναι η χειραγώγηση των νομισμάτων, που θα προέλθει μέσα από τις συναλλαγματικές ισοτιμίες και τις ανταγωνιστικές υποτιμήσεις.

Το τραγικότερο δε όλων είναι ότι θα υποχρεώνονται οι κυβερνήσεις να αποζημιώνουν τις πολυεθνικές για προσδοκώμενες απώλειες κερδών, σε περιπτώσεις που η αλλαγή της κοινοβουλευτικής πλειοψηφίας αναιρεί συνεργασίες μαζί τους. Σε περιπτώσεις δηλαδή που οι λαοί αποφασίζουν να σταματήσουν την όποια συνεργασία μαζί τους. Διότι σταθερό περιβάλλον επενδύσεων για τη συμφωνία, ορίζεται η χειραγώγηση της κοινής γνώμης σε ότι αφορά το οικονομικό της μέλλον.

Η κυβέρνηση των ΗΠΑ υπεραμύνεται αυτής της συμφωνίας , καθώς έτσι θα εξασφαλίσει την οικονομική της κυριαρχία στον κόσμο, παραβλέποντας τις εξαιρετικά βλαπτικές συνέπειες που θα έχει συνολικά για το θεσμό της Δημοκρατίας.

Η ΤΡΡ και η ΤΤΙΡ που υποτίθεται ότι συμβάλλει την «ολοκλήρωση» της ενιαίας αγοράς εντός της Ευρωπαικής Ένωσης, ιδιαίτερα με το άνοιγμα των δημοσίων υπηρεσιών και των δημόσιων συμβάσεων σε ιδιωτικές εταιρίες, αποτελούν θανάσιμες απειλές για τις κοινωνικές και οικονομικές ισορροπίες του πλανήτη.

Στόχος τους είναι να παραμερίσουν τις κανονιστικές ρυθμίσεις, που εμποδίζουν την ανεξέλεγκτη κερδοφορία των πολυεθνικών εταιριών, που δρουν και στις δύο περιοχές που κινούνται. Αυτές οι ρυθμίσεις αφορούν το περιβάλλον, τα εργασιακά δικαιώματα, τους κανόνες ασφαλείας των τροφίμων (βλέπε μεταλλαγμένα τρόφιμα), τους κανονισμούς για την χρήση χημικών τοξικών ουσιών, τους νόμους για την προστασία των προσωπικών δεδομένων στο διαδίκτυο, καθώς και τις τραπεζικές συναλλαγές.

Το εξωφρενικό δε είναι, οι όλες οι διαπραγματεύσεις καθίστανται απόλυτα μυστικές, έτσι ώστε οι κοινοβουλευτικοί εκπρόσωποι της κάθε χώρας στην Ευρωπαϊκή Ένωση να μην έχουν πρόσβαση για παράδειγμα στις απαιτήσεις των ΗΠΑ για την απορρύθμιση της αγοράς της, παρά τις φοβερές επιπτώσεις που θα έχει στη ζωή των ψηφοφόρων τους.

Αυτό συμβαίνει για να μην εγείρονται αντιδράσεις από την κοινή γνώμη, απέναντι σε αυτές τις απαιτήσεις. Πιο υποταγμένες κοινωνικές και οικονομικές αγορές δεν θα μπορούσαν να σχεδιασθούν, από αυτές που προβλέπουν και οι δύο συμφωνίες.

Ε όχι λοιπόν! Αυτό δεν είναι Δημοκρατία…
Κι αν δεν καταλαβαίνουμε τον κίνδυνο, είμαστε άξιοι για αυτά που παθαίνουμε!

Γιατί σαφώς, η περίοδος που διανύει σήμερα η Ελλάδα, αλλά και άλλα κράτη αποτελεί την λείανση του εδάφους για τη υποδοχή όλων αυτών των τερατουργημάτων.

ΑΡΘΡΟ 5ο

Ο ΑΝΘΡΩΠΙΣΜΟΣ ΤΩΝ ΠΟΛΥΕΘΝΙΚΩΝ ΚΑΙ ΤΑ ΑΘΩΑ ΘΥΜΑΤΑ ΤΟΥ ΠΟΛΕΜΟΥ

Θάλασσα αίματος οι πολύνεκρες επιθέσεις των τζιχαντιστών στην πρωτεύουσα της Ευρώπης, το Βέλγιο, τη στιγμή που η Ευρώπη αλλά και ολόκληρη η δυτική συμμαχία αδιαφορούσαν για τον κίνδυνο.

Η επανάληψη ενός σεναρίου αρκετά παιγμένου και στο παρελθόν.

Η αθρόα εισροή μεταναστών στην Ευρώπη αποτελεί ένα φαινόμενο, που έχει προκληθεί βάσει συγκεκριμένου σχεδίου.

Η αδυναμία της Ευρώπης όμως να διαχειριστεί τις μεταναστευτικές ροές , χωρίς άλλο οδηγεί στις απρόβλεπτες καταστάσεις που αντιμετωπίζουμε σήμερα.

Μηδέν στρατηγικός σχεδιασμός , μηδέν διοικητικός μηχανισμός, ελάχιστος οικονομικός προυπολογισμός, οδηγεί μοιραία στην βίαιη ένταξη εκατοντάδων χιλιάδων προσφύγων στις χώρες της Ευρώπης.

Χωρίς υποδομές φιλοξενίας και προσαρμογής τους, με πολλά ουσιαστικά αλλά και γραφειοκρατικά προβλήματα στη χορήγηση ασύλου, με ανεπαρκείς κανονισμούς όπως αυτόν του Δουβλίνο II που διέπουν τη συνθήκη του Σένγκεν, με άδικη κατανομή βαρών στις χώρες εισαγωγής των μεταναστών, η Ευρώπη επιχειρεί να επωφεληθεί από όσους πρόσφυγες και χώρες επιζήσουν.

Η εξάντληση της οικονομικής αλλά και παραγωγικής δύναμης των μεταναστών μετά την ένταξη στην αγορά εργασίας, που συνιστά είτε σε επένδυση κεφαλαίου στην εν λόγω Ευρωπαϊκή αγορά από τους ισχυρότερους οικονομικά πρόσφυγες , είτε σε απορρόφηση φθηνής εργασίας, καθιστά ήδη την κατάσταση ως ένα σχέδιο επεξεργασίας της τόνωσης της οικονομίας των αναπτυσσόμενων χωρών, χωρίς όμως να έχουν επενδυθεί πόροι από την ίδια την Ευρώπη.

Με αποτέλεσμα οι μεν πρόσφυγες να γίνονται ευάλωτοι σε ρατσιστικές επιθέσεις, αλλά και σε συσσώρευση των αιτήσεων ασύλου τους λόγω των ανεπαρκών δομών που υπάρχουν στις χώρες της Ευρώπης αυτή τη στιγμή, οι δε πολίτες των κρατών που τους φιλοξενούν , να γίνονται μάρτυρες τρομοκρατικών επιθέσεων και συρρίκνωσης της εγχώριας αγοράς εργασίας.

Από την άλλη μεριά η υποτυπώδης αστυνόμευση, που επιτρέπει τις τρομοκρατικές επιθέσεις που συνέβησαν τελευταία σε Βέλγιο και Γαλλία, καταλήγει να αποτελεί η Ευρώπη τον ηθικό αυτουργό όλων αυτών των επιθέσεων και των μαζικών δολοφονιών.

Όλα αυτά, σε συνδυασμό με τον ύποπτο ρόλο που παίζουν ορισμένες χώρες της Ευρώπης στον εξοπλισμό της ISIS μέσω της Σαουδικής Αραβίας, δημιουργούν σοβαρές αμφιβολίες για το ποιους εμπιστευόμαστε.

-Σε ποιους παραχωρούμε τα δικαιώματα μας και την ελευθερία μας, στο όνομα της «ασφάλειας»;

-Ποιοί στο όνομα οικονομικών συναλλαγών δεν διστάζουν να επιτρέψουν μαζικές δολοφονίες;

- Ποιοι αγοράζουν το μέλλον μας, έναντι αρμάτων μάχης και ψυχών που εμπορεύονται;

Το κεφάλαιο δεν ορρωδεί σε τίποτα μπροστά στο κέρδος.

Ο «ανθρωπισμός» των πολυεθνικών που δεν έχουν ούτε πατρίδα, ούτε αισθήματα χρηματοδοτεί πολέμους και «περιθάλπει» τα θύματά τους...

ΑΡΘΡΟ 6°

ΚΑΙ ΔΕΝ ΘΑ ΣΤΑΜΑΤΗΣΕΙ Ο ΦΟΡΟΚΑΤΗΦΟΡΟΣ...

Αυξήσεις σε άμεσους φόρους σε μισθωτούς και συνταξιούχους, αλλάζοντας την ισχύουσα φορολογική κλίμακα, αλλά και σε ΦΠΑ, σε ΔΕΗ και ΕΥΔΑΠ, περικοπές στο δημόσιο και το αφορολόγητο ζητούν για μια ακόμη φορά οι δανειστές στη διαπραγμάτευση με το οικονομικό επιτελείο της κυβέρνησης.

Ενδεικτικά :

-ζητούν αύξηση του συντελεστή φόρου του ρεύματος και νερού από 13% σε 23% !

-ζητούν κατάργηση του συντελεστή 6% για φάρμακα, βιβλία και θέατρο.

- ζητούν μείωση του αφορολόγητου στις 8.182 ευρώ, αντί των αντί 9.545 ευρώ που ισχύει σήμερα.

Φαίνεται ότι τα μέτρα που προωθήθηκαν στην φορολογία εισοδήματος, καθώς και τα μέτρα στο ασφαλιστικό δεν επαρκούν, για να αντιμετωπίσουν τις ανάγκες του τρίτου μνημονίου.

Φόροι στα καύσιμα, στα αυτοκίνητα και στο φυσικό αέριο , στα κινητά, στη συνδρομητική τηλεόραση αλλά και στα ξενοδοχεία

Αναπροσαρμογή του ΕΝΦΙΑ προς τα πάνω, εξαιτίας της μείωσης των αντικειμενικών αξιών.

Τα εισοδήματα των ελεύθερων επαγγελματιών και των επιτηδευματιών, θα φορολογούνται επίσης με την κλίμακα των μισθωτών χωρίς καμία έκπτωση.

Την στιγμή, που οι ήδη υψηλοί φορολογικοί συντελεστές στις επιχειρήσεις δημιουργούν ένα περιβάλλον ιδιαίτερο εχθρικό, όχι μόνο για την ανάπτυξη αλλά και την ομαλή λειτουργία της αγοράς.

Η Ελλάδα σήμερα είναι από τις χώρες της Ευρώπης με το πιο εχθρικό φορολογικό περιβάλλον για τις επιχειρήσεις.

Οι εργοδοτικές εισφορές κοινωνικής ασφάλισης της τάξης του 24,6% είναι 10% , μεγαλύτερες από τον μέσο όρο των γειτονικών χωρών της τάξης του 15,2%.

Ο Φ.Π.Α., 23% (που θα ανέβει στο 24%), είναι ο τρίτος υψηλότερος, ενώ η συνολική φορολογική επιβάρυνση για τις ελληνικές επιχειρήσεις, ανέρχεται στο 51,9% των εσόδων τους, ποσοστό μεγαλύτερο κατά 18% από τον μέσο όρο των γειτονικών χωρών, όπως η Βουλγαρία και η Κύπρος που δεν ξεπερνά το 27%.

Σε ένα εκρηκτικά τριτοκοσμικό φορολογικό περιβάλλον, τα μέτρα αυτά λοιπόν δεν μπορεί παρά :

-να αυξήσουν την φοροδιαφυγή, η οποία θα λειτουργήσει και ως μέσο εκτόνωσης των κοινωνικών ταραχών.

-να σταματήσουν την όποια ανάπτυξη.

-να μειώσουν τη καταναλωτική δύναμη.

-να βάλουν περισσότερα λουκέτα.

-να δημιουργήσουν περισσότερες «θέσεις ανεργίας».

-να οξύνουν τις κοινωνικές ανισότητες.

-να δημεύσουν ιδιωτικά περιουσιακά στοιχεία για να εκποιηθούν αργότερα προς τρίτους, ξένους προς το κράτος...

Και τεχνοκρατικά λοιπόν οι λύσεις αυτές όχι μόνο είναι αδιέξοδες, αλλά οδηγούν και σε ολοκληρωτική καταστροφή του οικονομικού και κοινωνικού ιστού της χώρας.

Οι φόροι είναι δικαιολογημένοι όταν χρηματοδοτούν δραστηριότητες που είναι απαραίτητες και ωφέλιμες για την κοινωνία.

Η προοδευτική φορολογία χρησιμοποιείται για να μειώσει την οικονομική ανισότητα σε μία κοινωνία.

Μόνο έτσι η φορολογία σε σύγχρονα κράτη ωφελεί την πλειοψηφία του πληθυσμού και την κοινωνική ανάπτυξη.

Σε μία Δημοκρατία δε, η κυβέρνηση είναι το συμβαλλόμενο μέρος που εκτελεί την πράξη της επιβολής φόρων, η οποία όμως αποφασίζεται από την κοινωνία σχετικά με το πώς θα πρέπει να αποδίδεται.

Εδώ το έγκλημα που συντελείται, είναι ότι καμιά φορολογία δεν εξυπηρετεί το κράτος και την Δημοκρατία, αλλά τον αμφιλεγόμενο δανειστή που έχει πουλήσει το χρηματοδοτικό προιόν του πολλαπλάσια της αξίας του...

ΓΙΑ ΠΟΙΑ ΕΥΡΩΠΗ ΕΞΑΚΟΛΟΥΘΕΙΤΕ ΝΑ ΜΙΛΑΤΕ;

ΑΡΘΡΟ 7⁰

ΤΟ ΤΟΠΙΟ ΤΩΝ ΠΑΘΩΝ

Το ασφαλιστικό τοπίο γίνεται τοπίο των Παθών, μετά την ψήφιση το νέου ασφαλιστικού νομοσχεδίου, που προβλέπει :

-Μείωση των νέων συντάξεων έως 30%

-Μείωση των αναπηρικών ως και 40%.

-Ασφάλιση μετά τα 25 έτη

-Αύξηση των ασφαλιστικών εισφορών που παίρνουν την μορφή φορολογικής επιβάρυνσης

Και αυτό γιατί δεν θίγεται μόνο η αγορά που καλείται να αντιμετωπίσει μια περαιτέρω μείωση της αγοραστικής δύναμης, αλλά και βαθύτερα το Σύνταγμα καθώς δεν υπάρχει ανταποδοτικότητα μεταξύ εργαζόμενου και κράτους.

Την στιγμή που θα έπρεπε να κάνουμε τονωτικές ενέσεις σε μια εξαντλημένη από τα μνημόνια αγορά, επιχειρούμε να της κάνουμε ευθανασία για να γλυτώσουμε μια και καλή από αυτή.

Την στιγμή που θα έπρεπε να υπερασπιζόμαστε την αρχή της ισότητας μεταξύ των εργαζομένων, την αρχή της αναλογικότητας μεταξύ ασφαλισμένων και συνταξιούχων και την αρχή της αλληλεγγύης, ταπεινώνουμε την μεσαία τάξη γιατί δεν μπορούμε να τα πάρουμε από την αστική, για να παραστήσουμε τους δίκαιους σε ένα λαό που δε πρόλαβε καν να προσευχηθεί για τα δικαιώματα του.

Δυστυχώς όμως, ο ρόλος του πόντιου Πιλάτου αποδείχθηκε και ιστορικά χειρότερος, από το ρόλο των σταυρωτών. Γιατί πολύ απλά ενεργούσε άδικα, υπό το κράτος δικαίου.

Η ισορροπία εργασίας και ζωής, που αποτελεί θεμελιώδες δικαίωμα του ανθρώπου καταργείται όμως συνολικότερα από το σχέδιο της ΕΕ για τον Ευρωπαικό Κοινωνικό Πυλώνα, που επιχειρεί να νομιμοποιήσει την απορρύθμιση της εργασίας και της κοινωνικής προστασίας, ακόμη και στη Γαλλία όπως είδαμε πρόσφατα, που θεωρείται πατρίδα του «ευρωπαικού κοινωνικού μοντέλου».

Η επισφαλής εργασία που καταργεί την πλήρη απασχόληση, η επισφαλής κοινωνική ασφάλιση που μεταφέρει τα βάρος της βιωσιμότητας των ταμείων από το κράτος στον εργαζόμενο, και οι υποτυπώδεις παροχές προς τους άνεργους προκειμένου να τους εντάξουν βίαια, χωρίς βούληση στην καινούργια δουλική εργασιακή πραγματικότητα, δημιουργούν τις συνθήκες για μια «ξείγκλωτη» δημοκρατία.

Η παραπλάνηση από το δόγμα του νεοφιλελευθερισμού που αντιπαράγει αντισώματα σε κάθε κοινωνική δομή που έχει παραχθεί, προκειμένου για την οικονομική ευημερία ποιών; Κρατών δίχως λαούς...

Οι αγωνιστικές ολονυχτίες των Γάλλων ενάντια στο νομοσχέδιο που αποτεφρώνει τα εργασιακά και ασφαλιστικά δικαιώματα, θα πρέπει να βάλουν σε σκέψεις όλους τους ευρωπαικούς λαούς...

Η αρχή της ανταγωνιστικότητας κύριοι δεν μπορεί να διαμορφώνει τον Χάρτη των Κοινωνικών Δικαιωμάτων. Ο Χάρτης των Κοινωνικών Δικαιωμάτων θα πρέπει να διαμορφώνει και να ΡΥΘΜΙΖΕΙ την ανταγωνιστικότητα της αγοράς , έτσι ώστε να μην καταλήγει βλαπτική για τον άνθρωπο.

Όσο για τις ανεξάρτητες αρχές ανταγωνιστικότητας, σε καμία δημοκρατία, σε κανένα σύνταγμα δεν μπορούν να αντικαταστήσουν το κράτος.

Και αυτό πρέπει να γίνει βίωμα όλων των τάξεων.

Η σταύρωση δεν επιλέγει τον χαμουτζίκο πάντοτε. Ενίοτε, επιλέγει και αυτόν που την χειροκροτεί, προκειμένου να καταστεί σαφές, ότι δεν έχει προτιμήσεις όταν πρόκειται για την αποκατάσταση των συμφερόντων μιας ανώτερης αρχής.

Έπρεπε να κυβερνήσει η αριστερή τάξη και να επιβάλλει το μνημόνιο, για να εμπεδώσουμε ότι όλος ο κόσμος θίγεται, ανεξάρτητα από κομματικές πεποιθήσεις και να αρχίσουμε επιτέλους να αντιδρούμε...

ΑΡΘΡΟ 8°

ΤΑ ΞΕΝΑ FUNDS ΑΠΕΙΛΟΥΝ ΤΗΝ ΙΔΙΑ ΤΗ ΧΩΡΑ

Τα ξένα funds είναι πια γεγονός και στην Ελλάδα.

Ενδεικτικά αναφέρω καποια από αυτά : Deutsche Bank, Apollo, Lone Star – στο κομμάτι των ακινήτων, Cerberus Capital Management, Oaktree Capital, Blackstone, Kohlberg Kravis Roberts & Co (KKR) και Fortress - στο κομμάτι των επιχειρηματικών χαρτοφυλακίων. **York Capital Management**, που συνεργάζεται με τα funds **Greylock Capital Management** και **Eaglevale Partners, Paulson Fund, Valde Capital Investment, Marathon Asset Management, Dromeus Capital, Baubost** και **Strategic.**

Διείσδυσαν στην Ευρώπη το 2010 και τα μεγαλύτερα θύματά τους ήταν η Ισπανία και η Ιρλανδία.

Τώρα έχουν στρατοπεδεύσει στον Ελληνικό χώρο από **τον Νοέμβριο** του 2015, κάνοντας όλες τις απαραίτητες επαφές με τις συστημικές τράπεζες , προκειμένου όταν η Ελληνική κυβέρνηση δώσει το πράσινο φως να αγοράσουν το μεγαλύτερο μέρος των κόκκινων δανείων.

Με τη δικαιολογία, ότι το χρηματοπιστωτικό σύστημα έχει περιέλθει σε κατάσταση ασφυκτικής έλλειψης ρευστότητας, καραδοκούν να «προσφέρουν» ρευστότητα για να τονώσουν υποτίθεται την ελληνική οικονομία , μέσω της αγοράς των κόκκινων δανείων.

Οι τιμές όμως που φαίνεται να προσφέρουν οι ξένοι για τα κόκκινα δάνεια είναι αρκετά χαμηλές, εφόσον θα κυμαίνονται από 2% της αξίας ενός δανείου, έως και 30% στην καλύτερη περίπτωση , ανάλογα με τις εξασφαλίσεις του δανείου.

Αντίστοιχες αγορές κόκκινων δανείων σε Βαλκανικές χώρες καταγράφονται ως εξής:

-Στη Ρουμανία πουλήθηκαν στο 6% έως 10% της ονομαστικής αξίας τους.

-Στην Ουγγαρία πουλήθηκαν στο 12%-15% της αξίας τους.

-Στην Τσεχία και τη Σλοβακία πουλήθηκαν έναντι 19%-21% της αξία τους.

-Ενώ στην Πολωνία, τα καταναλωτικά δάνεια πουλήθηκαν μεταξύ 11% και 14% της ονομαστικής τους αξίας και τα επιχειρηματικά δάνεια έναντι 6% με 10% της ονομαστικής αξίας τους.

Παρατηρήσεις :

1)Πως με τόσες απανωτές ανακεφαλαιοποιήσεις των τραπεζών που στηρίχθηκαν στο δανεισμό της χώρας από το εξωτερικό (ανακεφαλαιοποιήσεις που έκρινε σκόπιμες η ΕΚΤ , για να κρατά ανοιχτό το δανεισμό με την Ελλάδα), οι τράπεζες αντιμετωπίζουν ακόμη προβλήματα ρευστότητας που οφείλονται στα κόκκινα δάνεια; Και εφόσον οι ζημίες από τα κόκκινα δάνεια έχουν ήδη καλυφθεί στους ισολογισμούς των τραπεζών.

2) Πώς είναι δυνατόν να προσφέρουν στην οικονομία, όταν τα κόκκινα δάνεια αγοράζονται στην πραγματικότητα για στραγάλια;

3) Ποιο θα είναι το αντίτιμο που θα ζητηθεί από επιχειρήσεις και φυσικά πρόσωπα; Έχει οικονομική αντιστοίχιση με την αγοραστική τιμή από τα funds ή θα αποτελέσει κερδοσκοπική ληστεία στους δανειολήπτες;

4) Ποιο είναι το ρυθμιστικό πλαίσιο από πλευράς πολιτείας για την εξαγορά των κόκκινων δανείων ; Υπάρχει ή θα μπορούν να λειτουργούν ανεξέλεγκτα με αποτέλεσμα να διαταράξουν τις όποιες κοινωνικές ισορροπίες έχουν απομείνει;

5) Τα περισσότερα χρεωμένα νοικοκυριά δε μπορούν να πληρώσουν τα χρέη τους. Το μεγαλύτερο ποσοστό των επιχειρήσεων δεν μπορούν πια να πληρώνουν τα δάνειά τους στις τράπεζες. Έτσι τα ξένα funds αγοράζοντας τα κόκκινα δάνεια νοικοκυριών και επιχειρήσεων θα βάλουν στο χέρι το σύνολο της ιδιωτικής οικονομίας και περιουσίας της χώρας μας.

6) Η διείσδυση των ξένων funds στις ελληνικές τράπεζες έχουν απώτερο σκοπό πέρα από την κερδοσκοπία τους ποιό; Μήπως τα joint ventures, οι συνέργιες δηλαδή αυτές, αποσκοπούν στο να μειώσουν το ρίσκο ενός Grexit, έτσι ώστε να υπάρχει απόλυτος έλεγχος του ελληνικού κράτους και των πολιτικών αποφάσεων που αφορούν την απεξάρτηση της χώρας από το μυστήριο τρένο που ονομάζεται Ευρώπη;

7) Οι τράπεζες αποτελούν το σημείο κλειδί όχι μόνο για την οικονομία μιας χώρας , αλλά και για την εθνική της κυριαρχία (βλέπε capital controls). Άραγε σε ποιόν θα ανήκει η χώρα μετά την επέλαση των τεράτων;

Τα   συμπεράσματα   δικά   σας...

28

ΤΟ ΓΑΪΤΑΝΑΚΙ ΤΟΥ BREXIT - Η ΔΑΙΜΟΝΟΠΟΙΗΣΗ ΤΟΥ BREXIT

Σύμφωνα με διαδικτυακή δημοσκόπηση που διεξάχθηκε από το ινστιτούτο ORB, σε δείγμα 2.000 Βρετανών πολιτών, κατά το διήμερο 8-9 Ιουνίου και δόθηκε την Παρασκευή στη δημοσιότητα από την εφημερίδα The Independent, για το δημοψήφισμα που θα διεξαχθεί στη Βρετανία για την παραμονή ή μη της χώρας στην Ευρωπαϊκή Ένωση : **55% θα ψηφίσει υπέρ του BREXIT ενώ 45% θα ψηφίσει κατά.**

Η διαφορά των 10 ποσοστιαίων μονάδων, συμπεριλαμβανομένης της ανάλυσης ότι οι υπερασπιστές του BREXIT έχουν διευρύνει το προβάδισμα τους κατά 4 ποσοστιαίες μονάδες από τον περασμένο Απρίλιο, δείχνει ότι το ενδεχόμενο εξόδου της Βρετανίας από την Ευρωπαϊκή Ένωση , είναι πολύ κοντά στο να αποτελέσει πραγματικότητα. Παρατηρείται δηλαδή μια κλιμακούμενη αντίδραση υπέρ του BREXIT, που σημαίνει ότι το θέμα απασχολεί πολύ βαθιά το μέσο Βρετανό πολίτη εδώ και αρκετό καιρό και σιγά σιγά παγιώνει την άποψη του και ανοίγει τα χαρτιά του. Άρα μιλάμε μάλλον για συνειδητή ψήφο, που ελάχιστες προσεγγίσεις παίρνει για να αλλάξει.

Για να δούμε τώρα το παιχνίδι των δημοσκοπήσεων σε επίπεδο προωθητικής πολιτικής, ακριβώς όπως συνέβηκε και στην Ελλάδα κατά τις προηγούμενες εκλογές και το δημοψήφισμα του Ιουλίου 2015.

Πρόσφατη δημοσκόπηση που φέρνουν στη δημοσιότητα οι   Sunday Times, αποτυπώνει πάλι την διάθεση των Βρετανών να εξέλθουν της Ευρωπαϊκής Ένωσης, αλλά με τη διαφορά μιας ποσοστιαίας μονάδας.

43% των Βρετανών τάσσονται υπέρ της αποχώρησης του Ηνωμένου Βασιλείου από την Ευρωπαϊκή Ένωση έναντι του ποσοστού 42% των υποστηρικτών της παραμονής, σύμφωνα με δημοσκόπηση της εταιρείας YouGov, για λογαριασμό της εφημερίδας Sunday Times.

Στην παρούσα δημοσκόπηση παρουσιάζεται το προβάδισμα του BREXIT μεν, με την ελάχιστη διαφορά δε, προκειμένου να επηρεασθεί η κοινή γνώμη ότι τα πράγματα εύκολα μπορούν να αλλάξουν κατά του BREXIT, έτσι ώστε να επηρεασθούν οι αναποφάσιστοι ψηφοφόροι που ψηφίζουν με βάση το πλειοψηφικό ρεύμα.

Παρένθεση : Όλα αυτά με κάνουν να διαπιστώνω πως η επιστήμη που υπηρετώ εδώ και αρκετά χρόνια, βάλλεται από το διεθνές οικονομικό και πολιτικό σύστημα ανεξάρτητα από χώρα ή εθνότητα, προκειμένου να χρησιμοποιηθεί σαν προωθητικό εργαλείο της μιας ή της άλλης πολιτικής και όχι σαν εργαλείο καταγραφής της κοινής γνώμης που είναι και ο σκοπός που υπηρετεί. Κάποτε πρέπει να γράψω ένα βιβλίο αποκλειστικά για αυτό...

Και ενώ οι Βρετανοί πάνε στις κάλπες για να ψηφίσουν ΝΑΙ Ή ΟΧΙ ΣΤΟ Δημοψήφισμα της 23ης Ιουνίου η κινδυνολογία περισσεύει για τις κακές συνέπειες στην πολιτική, την οικονομία, την άμυνα και τη διπλωματία, στη Μ. Βρετανία αλλά και συνολικότερα στην Ευρωπαική Ένωση.

Η πολιτική ηγεσία της Γερμανίας τρέμει μια ενδεχόμενη αποχώρηση της Βρετανίας από την Ευρωπαική Ένωση, ενώ υπέρ της παραμονής των Βρετανών τάσσεται και πλειοψηφία των γερμανών πολιτών. 78% των ερωτηθέντων Γερμανών πολιτών δήλωσαν ότι επιθυμούν την παραμονή της Βρετανίας στην ΕΕ, σε σχετική δημοσκόπηση που διεξάχθηκε τον περασμένο Απρίλιο για λογαριασμό της DW, αλλά και σε δημοσκόπηση που διεξήγαγε πρόσφατα (7-8 Ιουνίου) η εταιρεία δημοσκοπήσεων TNS για λογαριασμό του Spiegel, το 79% των Γερμανών τάσσεται υπέρ της παραμονής της Βρετανίας στην ΕΕ.

Η φυσική συμμαχία όμως, που επικαλείται το Βερολίνο με την Γηραιά Αλβιώνα σχετικά με την ελεύθερη αγορά και την πειθαρχημένη δημοσιονομική πολιτική, δεν αποτελεί παρά μια εικονική παρουσίαση της πραγματικότητας, καθώς οι ιδεολογικές διαφορές είναι τεράστιες και αποδείχθηκε καταρχήν με την αντιμετώπιση του προσφυγικού.

Ο φόβος όμως του ντόμινο και της κατ΄επέκταση κατάρρευσης της Ευρωπαικής Ένωσης , αποτελεί την πραγματική αιτία για την οποία η Γερμανία αντιδρά με τόση μανία ενάντια στο BREXIT.

Καθώς η Γερμανία θα βρεθεί μόνη, απέναντι στην αντιμετώπιση των διεκδικήσεων της Νότιας Ευρώπης γα αναδιανομή πλεονασμάτων από τις ισχυρότερες χώρες της Ευρωπαικής Ένωσης στις ασθενέστερες που αποτελούν τον Ευρωπαικό Νότο, θα αδυνατεί να επιβάλλει τις ληστρικές επιδρομές με απάνθρωπα μέτρα που επιχειρεί στις αδελφές Ευρωπαικές χώρες και το Ευρωπαικό οικοδόμημα θα κλυδωνιστεί γερά.

ΑΛΛΑ:

Για να δούμε τι σημαίνει το ενδεχόμενο ενός BREXIT για την Ευρωπαική Ένωση.

-Η Ευρωπαική Ένωση θα χάσει ένα από τα ισχυρά της μέλη σε έκταση, πληθυσμό και πολιτική οντότητα.

-Τη λύση αυτή θα ακολουθήσουν και άλλες χώρες , που είναι σήμερα δυσαρεστημένες αλλά δυστυχώς εξαρτημένες από την Ευρωπαική Ένωση. Πολλοί λένε ότι αυτό θα ενισχύσει τα ακροδεξιά ρεύματα, χωρίς όμως να λαμβάνουν υπόψη τους, ότι τα ακροδεξιά ρεύματα έχουν ήδη ενισχυθεί σοβαρά, από την έλλειψη δημοκρατικής πολιτικής από το σύστημα που διοικεί την Ευρώπη σήμερα.

-Η Γερμανία θα χάσει κυριαρχική δύναμη επί των υπολοίπων κρατών, καθώς η στείρα δημοσιονομική πολιτική που προσπαθεί να επιβάλλει και η οποία δεν έχει καμία σχέση με την ανάπτυξη , για καμιά χώρα, δεν θα βρίσκει υποστηρικτές.

-Τα μέτρα υπέρ της λιτότητας των ιδιωτικοποιήσεων και της ενίσχυσης της πλουτοκρατίας θα μπουν στο μικροσκόπιο για να αναλυθούν και από τον τελευταίο πολίτη των Ευρωπαικών κρατών.

-Θα αποκαλυφθεί η αποτυχία της 30χρονης νεοφιλελεύθερης χρηματοπιστωτικής οικονομίας , που καταβαράθρωσε ειδικότερα τις μικρότερες χώρες της ΕΕ που αδυνατούσαν να ανταπεξέλθουν ειδικά στο ευρώ, κι όμως εκβιομηχανίσθηκαν , έχασαν την παραγωγική τους δύναμη και απόμειναν έρμαια του διεθνούς κεφαλαίου.

-Θα αποκαλυφθούν οι κοινωνικές ανισότητες, που είναι σύμφυτες στη δομή με την οποία χτίστηκε το Ευρωπαικό οικοδόμημα.

-Θα μπει σοβαρά το ζήτημα στο τραπέζι : Η Ευρωπαική Ένωση χρειάζεται ολική κατεδάφιση και ανοικοδόμηση ή απλή ανακαίνιση;

Και αυτό το τελευταίο είναι το μείζον ερώτημα, που θα έπρεπε να μας απασχολεί όλους.

Γιατί, η Ευρώπη δεν αποτελεί σήμερα το υπόδειγμα Οικονομικής, Κοινωνικής και Πολιτικής οργάνωσης, σκοπό για τον οποίο δημιουργήθηκε, αλλά ένα σαθρό οικοδόμημα που εξυπηρετεί συμφέροντα, υφαρπάζοντας την περιουσία των λαών που έχει στην διάθεση της έναντι πινακίου φακής, με το αριστοτεχνικό σύστημα των ελεγχόμενων χρηματοπιστωτικών δομών και ροών που προσφέρουν, καθώς και χρησιμοποιώντας του λαούς ως μαζική καταναλωτική δύναμη των πολυεθνικών συμφερόντων αλλά και ως δύναμη επιρροής επί των γεωπολιτικών παιχνιδιών που παίζει. Χωρίς όμως να ενδιαφέρεται ούτε καν για την επιβίωση τους...

Η απάνθρωπη αυτή πολιτική, δεν μπορεί παρά να οδηγήσει στην εξαθλίωση των λαών, όπως έχει ήδη οδηγήσει και στην πρακτική αδυναμία συμμετοχής τους σε αυτό το εξάμβλωμα ενωτικής δύναμης.

ΑΝ ΤΟ BREXIT ΑΠΟΤΕΛΕΣΕΙ ΡΗΓΜΑ ΣΕ ΑΥΤΗΝ ΤΗΝ ΠΟΛΙΤΙΚΗ ΤΟΤΕ ΚΑΛΩΣ ΝΑ ΕΡΘΕΙ.

ΓΙΑΤΙ ΑΥΤΗ Η ΕΥΡΩΠΗ, ΘΕΛΕΙ ΚΑΤΕΔΑΦΙΣΗ ΚΑΙ ΑΝΟΙΚΟΔΟΜΗΣΗ ΑΠΟ ΤΗΝ ΑΡΧΗ, ΧΩΡΙΣ ΝΤΑΒΑΤΖΗΔΕΣ...

ΑΡΘΡΟ 10⁰

MONSANTO – Ο ΘΑΝΑΤΟΣ ΤΩΝ ΚΑΛΛΙΕΡΓΙΩΝ

Σε ένα εξαιρετικά εύθραυστο οικοσύστημα όπως είναι ο πλανήτης μας, οι μεταλλαγμένες μονοκαλλιέργειες της Monsanto αποτελούν μια τεράστια απειλή όχι μόνο για την καταστροφή της βιοποικιλότητας, αλλά και για το ίδιο τον άνθρωπο.

Οι αλυσιδωτές αντιδράσεις που μπορεί να προκληθούν σε όλα τα βιοσυστήματα, βάζουν συνολικά σε κίνδυνο την ζωή σε αυτόν τον πλανήτη.

Στις 25 Μαΐου του 2013,   δύο εκατ. άνθρωποι διαδήλωσαν ενάντια στη βιοτεχνολογία της Monsanto. Οι διαδηλώσεις έλαβαν χώρα σε 436 πόλεις και 52 χώρες. Εκατοντάδες χιλιάδες διαδηλωτές στις ΗΠΑ διεκδίκησαν το δικαίωμα να είναι υποχρεωτική η σήμανση των γενετικά τροποποιημένων τροφίμων στην αγορά, ην ίδια στιγμή που οι αμερικάνοι καλλιεργητές δέχονταν σκληρές πιέσεις να παραμείνουν πιστοί στις εντολές της Monsanto με την απειλή ποινικών διώξεων.

Σύμφωνα με την καμπάνια ενημέρωσης της AVAAZ για τη Monsanto : Το Ανώτατο Δικαστήριο των ΗΠΑ τάχθηκε υπέρ της Monsanto σε δικαστική διαμάχη της με 75χρονο γεωργό, τον οποίο και έκρινε ένοχο για παραβίαση δικαιωμάτων ευρεσιτεχνίας της πολυεθνικής. Ο Vernon Bowman κλήθηκε να αποζημιώσει την εταιρεία, καθώς χρησιμοποίησε σπόρους της χωρίς να καταβάλει αντίτιμο στην ίδια , αλλά σε τρίτο πωλητή, ενώ παράλληλα τους χρησιμοποίησε δεύτερη φορά χωρίς την άδεια του παραγωγού, αναπαράγοντάς τους, δημιουργώντας δεδικασμένο για πλήθος μικροκαλλιεργητών.

Όλα αυτά συνέβηκαν, γιατί αντίθετα   με τις προεκλογικές του δεσμεύσεις, ο πρόεδρος Ομπάμα υπόγραψε διάταξη, με την όποια ορίστηκε πως δεν μπορεί να απαγορευτεί καμία γενετικά τροποποιημένη καλλιέργεια από τα ομοσπονδιακά δικαστήρια, ακόμη και αν υπάρχουν ενδείξεις ότι αυτή είναι επιβλαβής για τον άνθρωπο και το περιβάλλον. Η ψήφιση της διάταξης, γνωστής πλέον ως Νόμος Προστασίας της Monsanto (Monsanto Protection Law ⌐), προκάλεσε έντονες αντιδράσεις, καθώς υπόσχεται νομική ασυλία στους φορείς βιοτεχνολογίας που πειραματίζονται με γενετικά τροποποιημένα τρόφιμα.

Τι είναι όμως η Monsanto;

Η Monsanto είναι η πλέον κυρίαρχη δύναμη στην παγκόσμια παραγωγή γενετικά τροποποιημένων σπόρων, καθώς οι έρευνες της επικεντρώνονται σε παράνομες πρακτικές καλλιέργειας μεταλλαγμένων σπόρων, που εμφανίζουν φυσική αντίσταση σε ιούς και ζιζανιοκτόνα, καθώς και στη κατοχύρωση τους σε πατέντες για τις οποίες αξιώνει αποζημίωση κάθε φορά που χρησιμοποιούνται από τους καλλιεργητές. Παρά τις αναρίθμητες δικαστικές διαμάχες στις οποίες έχει εμπλακεί χαίρει της ισχυρής προστασία από την αμερικάνικη δικαστική και πολιτική ελίτ.

Δυστυχώς αυτή η κατάσταση προοιωνίζεται να έρθει και στην Ευρώπη.
Η ΕΕ θα αποφασίσει σχετικά με την απαγόρευση της χρήσης ή όχι, του γνωστού ζιζανιοκτόνου Roundup, μέσα στους επόμενους μήνες.

Κατά την πρόσφατη συνεδρίαση της σχετικής επιτροπής στις Βρυξέλλες, διενεργήθηκε ψηφοφορία, για την νέα πρόταση παράτασης της έγκρισης αδειοδότησης της παραγωγής προϊόντων Roundup, το γνωστό γλυφοσικό οξύ. Καθώς δεν σχηματίστηκε η απαιτούμενη πλειοψηφία κατά την ψηφοφορία των 28 κρατών – μελών, δεν καταστάθηκε δυνατό να υπάρξει και αποτέλεσμα. Αξίζει να σημειωθεί ότι μόνο μία χώρα η Μάλτα ψήφισε κατά της έγκρισης της απόφασης, ενώ 20 χώρες ψήφισαν υπέρ και επτά χώρες απείχαν από την διαδικασία της ψηφοφορίας : η Γαλλία, η Ισπανία, η Ιταλία, η Ολλανδία, η Πορτογαλία, η Γερμανία και η Ελλάδα.

Σήμερα στην Ευρωπαϊκή Ένωση ο νόμος προβλέπει την υποχρεωτική αναγραφή «Γενετικά Τροποποιημένο» σε προϊόντα που περιέχουν έως 0,9% Γ.Τ.Ο. Δυστυχώς όμως ο κανονισμός αυτός δεν τηρείται. Στην Ελλάδα μάλιστα, αποκαλύφθηκε η μη-αναγραφή αυτής της ένδειξης σε γενετικά προϊόντα ρυζιού, που προέρχονται από τις ΗΠΑ (εταιρία BALI).

Ανοίγοντας όμως το δρόμο στην Monsanto θα έλθουν και τα χειρότερα…

Τη στιγμή που ο αγώνας αυτός έχει πάρει παγκόσμιες διαστάσεις και η καταστροφική δράση της Monsanto απειλεί ολόκληρη την ανθρωπότητα, η κομισιόν δεν θα έπρεπε καν να προτείνει την παράταση αδειοδότησης του θανατηφόρου ζιζανιοκτόνου που θα ανοίξει το δρόμο για τον θάνατο καλλιεργειών και καλλιεργητών στην Ευρώπη.

Αυτή Ευρώπη , η ευάλωτη σε όλα τα κακώς κείμενα, είναι τελικά η οικογένεια στην οποία θέλουμε να ανήκουμε και να μας ανήκει; Ή μήπως ανήκει a priori σε κάποιους άλλους και εμείς απλά παριστάνουμε την καλύβα του Καραγκιόζη;

Αναρωτιέμαι…

ΑΡΘΡΟ 11⁰

ΕΥΡΩΠΑΙΚΗ ΚΕΝΤΡΙΚΗ ΤΡΑΠΕΖΑ ΚΑΙ ΚΟΚΚΙΝΑ ΔΑΝΕΙΑ

Και καθώς η Ευρωπαϊκή Κεντρική Τράπεζα (ΕΚΤ) σχεδιάζει να δώσει μη δεσμευτικές οδηγίες έως τα τέλη του 2016 ή τις αρχές του 2017, σύμφωνα με σχετικό δημοσίευμα του πρακτορείου Reuters, οι τράπεζες της Ευρωζώνης που αντιμετωπίζουν κόκκινα δάνεια ύψους 900δις ευρώ, δεν διαγράφουν τα δάνεια αυτά από τους ισολογισμούς τους , φοβούμενες ότι σχετικές διαγραφές των θα οδηγήσουν σε ζημιές, περιορίζοντας τα μερίσματα και τις αμοιβές των διευθυντικών στελεχών…

Περίπου το 7,1% των τραπεζικών δανείων της Ευρωζώνης δεν εξυπηρετούνται, ποσοστό που είναι σχεδόν πενταπλάσιο από αυτό στις ΗΠΑ.

Σε αυτό το τραπεζικό ντόμινο, οι ιταλικές και οι ελληνικές τράπεζες φαίνεται να αντιμετωπίζουν το μεγαλύτερο πρόβλημα.

Η ιταλική UniCredit έχει μη εξυπηρετούμενα δάνεια ύψους 80 δισ., δηλαδή 15% του συνόλου των δανείων που έχει δώσει. Η Intesa Sanpaolo έχει δάνεια ύψους 33 δισ. ευρώ, ενώ οι ελληνικές τράπεζες έχουν μη εξυπηρετούμενα δάνεια συνολικού ύψους περίπου 100 δισ. ευρώ.

Ο περίεργος ρόλος των τραπεζών που στο σύνολό τους είναι ιδιωτικές , έχει αποκαλυφθεί σε πολλές περιπτώσεις να αποτελεί ανασταλτικό παράγοντα τόσο για την αποπληρωμή των δανείων από τους δανειολήπτες, όσο και για την ανάπτυξη.

Κρατώντας σε ομηρία του δανειολήπτες από την μία πλευρά με παράλογες απαιτήσεις και κατασχέσεις σε δάνεια, που όπως έχω αναφερθεί και σε προηγούμενα άρθρα μου, έχουν εισπράξει εις διπλούν από τις διαρκείς ανακεφαλαιοποιήσεις , αλλά και από την πώλησή τους σε εισπρακτικές εταιρίες, καταστρέφουν την καταναλωτική δύναμη της αγοράς. Απομυζώντας τις οικονομίες από την άλλη με συνεχείς απαιτήσεις ανακεφαλαιοποίησης , αλλά και στενές ευκαιρίες επιχειρηματικής δράσης, καταστρέφουν το όποιο πλαίσιο εγχώριας ανάπτυξης.

Η κυριαρχική δράση της ΕΚΤ από την άλλη, η οποία ελέγχει 129 συστημικές τράπεζες της Ευρωζώνης, αποκλείει κάθε ελεύθερη δράση να καθορίσει η ίδια η χώρας εθνικούς στόχους για τις τράπεζες της, που να βασίζονται σε κριτήρια καλύτερης εξυπηρέτησης των δανειοληπτών, αλλά και στήριξης της εγχώριας επιχειρηματικότητας.

Και αυτό είναι εύλογο, καθώς ο δανεισμός αποτελεί εργαλείο ελέγχου στις εγχώριες οικονομίες.

Η συνέργειες δε ΕΚΤ, διοικήσεων τραπεζών και στελεχιακού δυναμικού που αποβλέπουν σε κερδοσκοπικές μεθόδους διαχείρισης των δανείων, αποτελούν την πιο τραγική προσέγγιση στην κρίση καθώς την οξύνουν περισσότερο.

Η αντιμετώπιση των κρατών απέναντι σε αυτή την λαίλαπα θα πρέπει να είναι καταλυτική όχι μόνο θεωρητικά, αλλά και πρακτικά.

Η κρατικοποίηση έστω και μιας τράπεζας αποτελεί πάντα το κλειδί για να κάνεις το πρώτο βήμα. Να βγεις από αυτή την φυλακή…

Το δεύτερο είναι να βάλεις στην φυλακή τους υπεύθυνους, όπως ακριβώς έκαναν οι Ισλανδοί.

Το τρίτο είναι να έρθεις αντιμέτωπος με τους δυνάστες της Ευρωπαικής οικογένειας στην οποία ανήκεις και να χαράξεις την δική σου πορεία, ακόμη κι αν αυτή η ρήξη συνίσταται σε κόψιμο του ομφάλιου λώρου, που αντί να σε τρέφει σε δηλητηριάζει τόσα χρόνια…

ΑΡΘΡΟ 12ο

ΤΟ ΠΟΛΙΤΙΚΟ ΑΡΙΣΤΟΥΡΓΗΜΑ ΤΟΥ BREXIT

Και καθώς οι φωνές της προπαγάνδας άρχισαν να ουρλιάζουν πιο δυνατά μετά από το BREXIT, η Βρετανία προσπαθεί να βρει το βηματισμό της σε μια προσπάθεια να απεξαρτήσει την οικονομία της από το μολυσματικό σύστημα της Ευρωπαικής Ένωσης.

Μια ισχυρή χώρα , με σημαντικό πληθυσμό αρχίζει να ανασυντάσσει το παραγωγικό της σύστημα , να τονώνει τις επιχειρήσεις της με σημαντικές μειώσεις φόρων, χωρίς να δίνει λογαριασμό σε κανέναν παρά μόνο στο λαό της.

Παρά την προσωρινή υποτίμηση της στερλίνας , η οποία ήταν λογικό επόμενο, η Βρετανική οικονομία σύντομα θα αρχίσει να παίρνει τα πάνω της, καθώς θα υποστούν μείωση οι εισαγωγές προιόντων, με αποτέλεσμα να αυξήσει το εμπορικό της ισοζύγιο υπέρ των εξαγωγών της.

Τα ελλείμματα στο εμπορικό ισοζύγιο (εισαγωγές > εξαγωγές) αποτελούσαν την κυρίαρχη αιτία τη κρίσης για τις χώρες που αναγκάστηκαν να υποδεχτούν τα μνημόνια. Αυτά όμως δημιουργήθηκαν από την αποβιομηχάνιση, αποπαραγοποίηση , απομεταποίηση και αποεμπορικοποίηση της εγχώριας αγοράς που με συγκεκριμένο σχέδιο προωθούσε η Ευρωπαική Ένωση εδώ και δεκαετίες , σε κάποιες χώρες. Γιγαντώνοντας ταυτόχρονα τον τομέα των συστημικών τραπεζών , προκειμένου οι χώρες αυτές να επιβιώνουν από αυτά που δανείζονται και όχι από αυτά που παράγουν, μεταποιούν, εμπορεύονται.

Η εγχώρια επιχειρηματικότητα θα τονωθεί και αλυσιδωτά και η αγορά εργασίας, καθώς και τα benefits –οφέλη ασφαλιστικά, εργασιακά απέναντι στους εργαζόμενους. Κάτι που η πολιτική της Ευρωπαικής Ένωσης εναντιωνόταν σφοδρά, αναγκάζοντας τον πρωθυπουργό της Βρετανίας να περάσει μέτρα αντιλαικά και αντιαναπτυξιακά όπως και σε άλλες χώρες.

Ο Βρετανικός λαός όμως αντιδρούσε σθεναρά. Και οι πολιτικοί του άρχισαν να παρακολουθούν σοβαρά αυτές τις αντιδράσεις και αποφάσισαν «καθολικά» να αντισταθούν στην λαίλαπα της Ευρωπαικής Ένωσης.

Από την βασίλισσα της Αγγλίας μέχρι και τον τελευταίο πολιτικό, το μήνυμα ήταν ξεκάθαρο. Έπρεπε η χώρα να βγει από την Ευρωπαική Ένωση , αν δεν ήθελε να υποστεί τον «δάκτυλο» που έβαλαν στα υπόλοιπα κράτη-μέλη , μεθοδεύοντας έτσι και την κατάκτηση της εθνικής τους κυριαρχίας. Γιατί έτσι κατακτώνται τα κράτη σήμερα...

Με έναν αριστουργηματικό τρόπο λοιπόν και αφού πρώτιστα θωράκισαν τις τράπεζες τους χωρίς να τους πάρει κανείς μυρωδιά, προκήρυξαν το δημοψήφισμα.

Κατόπιν φρόντισαν να κρατήσουν άρτιες ισορροπίες με την Ευρωπαϊκή Ένωση διαιρώντας τα κόμματα τους σε υπέρ και κατά. Στην ιστορία των περισσότερων κομμάτων στον κόσμο δεν έχει υπάρξει ξανά τέτοιο φαινόμενο. Συνήθως υπάρχει μια ενιαία πολιτική γραμμή όταν πρόκειται για κορυφαίας πολιτικής σημασίας ζητήματα και όταν αυτό δεν επιτυγχάνεται το κόμμα δεν προχωρεί σε διεξαγωγή δημοψηφισμάτων, ειδικά όταν ασκεί την διοίκηση της χώρας.

Το συμπέρασμα είναι και εδώ επεξηγώ τον όρο «καθολικά» που χρησιμοποίησα πιο πάνω, ότι ΟΛΟΙ σκεπτόντουσαν το ίδιο... αλλά το εξέφρασαν με διαφορετικούς τρόπους. Για να αποτρέψουν κινήσεις εκφοβισμού από το σύστημα , όπως τις τρομοκρατικές ενέργειες στην Γαλλία που προαλείφεται για FREXIT (αλλά εκεί ο λαός είναι πιο επεισοδιακός από τον Βρετανικό λόγω ιδιοσυγκρασίας, με αποτέλεσμα με την τακτική του ΣΟΚ και ΔΕΟΣ να τους καθυποτάσσουν καθώς οι πολιτικοί τους δεν αφουγκράστηκαν τις ανάγκες του λαού τους έγκαιρα), το πραξικόπημα στην Τουρκία κτλ. Στην κάθε χώρα χρησιμοποιούν την τακτική που δουλεύει καλύτερα , ανάλογα με τη κουλτούρα και το πολιτικό της επίπεδο.

Στη συνέχεια προχώρησαν ήδη σε αλλαγές στην οικονομία τους, που δεν μπορούσαν να κάνουν όσο είχαν την πατρονία της Ευρωπαϊκής Ένωσης. Τοποθέτησαν χωρίς ιδιαίτερες διαδικασίες την επόμενη πρωθυπουργό , που υποτίθεται ότι ήταν υπέρ της Ευρωπαϊκής Ένωσης για να τους ρίξουν στάχτη στα μάτια και στο σημείο κλειδί, στις σχέσεις της χώρας με το εξωτερικό τοποθέτησαν τον πιο φανατικό υπέρμαχο του BREXIT.

Οι πρωθυπουργοί πρώην και νυν ξεκίνησαν τις διαδικασίες για το BREXIT ενώ έβαλαν τέλος στα σενάρια περί δεύτερου δημοψηφίσματος, θέτοντας ως επιχείρημα ΤΟ ΑΠΑΡΑΒΙΑΣΤΟ ΤΗΣ ΘΕΛΗΣΗΣ ΤΟΥ ΒΡΕΤΑΝΙΚΟΥ ΛΑΟΥ.

Το BREXIT θα μείνει στην ιστορία ως η πιο αριστουργηματική απεξάρτηση μιας χώρας από το σάπιο σύστημα που την κατατρώγει. Θα έλεγε κανείς ότι αγγίζει τα όρια της τέχνης...

ΑΡΘΡΟ 13ο

ΤΟ BREXIT ΕΙΝΑΙ ΓΕΓΟΝΟΣ

Η σημερινή μέρα κρίνεται ΙΣΤΟΡΙΚΗ, καθώς μέλλει να επηρεάσει την ροή αλλά και την ουσία της πολιτικής στην Ευρωπαϊκή Ένωση – αυτή που αντιβαίνει κάθε νόμο προάσπισης των εργασιακών , ασφαλιστικών , εθνικών δικαιωμάτων του πολίτη μιας χώρας.

Το ΒΡΕΧΙΤ απέδειξε την αταξικότητα των αιτημάτων αυτών. Έχω επανειλημμένα τονίσει, ότι σήμερα η οικονομική, κοινωνική και πολιτική ισορροπία του κόσμου δεν διαταράσσεται από τις τάξεις αλλά από μια διεθνή οικονομική και πολιτική ελίτ , που στόχο έχει να πλήξει τους λαούς συνολικότερα, δημιουργώντας μια ασπόνδυλη μάζα καταναλωτικού και εργατικού κοινού , που θα σιτίζεται ελάχιστα και θα δουλεύει τα μέγιστα.

Όταν παραβιάζεται βάναυσα η δημοκρατία, κάποια στιγμή έστω και την ύστατη επαναστατούν οι λαοί και εκπλήσσουν όμως αυτούς που νομίζουν πως ορίζουν τον κόσμο…

ΑΡΘΡΟ 14ο

ΑΝΘΡΑΚΕΣ ΤΟ ΠΡΑΞΙΚΟΠΗΜΑ

Νύχτα της 15ης Ιουλίου 2016.

Και γινόμαστε μάρτυρες τους πραξικοπήματος στην Τουρκία.

Μερίδα των Ενόπλων Δυνάμεων κατέλαβε το κρατικό κανάλι , σίγασε το σήμα σε όλα τα ιδιωτικά κανάλια και ανακοίνωσε ότι ο στρατός κατέλαβε την εξουσία.

Το μήνυμα ήταν ότι ο στρατός ανέλαβε την εξουσία της χώρας, «για να διατηρηθεί η δημοκρατική τάξη και να προστατευτούν τα ανθρώπινα δικαιώματα».

Σε κατάσταση εκτάκτου ανάγκης κηρύχθηκε η Τουρκία. Απαγόρευση κυκλοφορίας επιβλήθηκε σε όλη την επικράτεια , έκλεισαν τα αεροδρόμια της χώρας ενώ μαχητικά αεροσκάφη και ελικόπτερα πετούσαν πάνω από την Κωνσταντινούπολη και την Άγκυρα.

Και ενώ στους δρόμους παρέλαυναν τα τανκς, ο Τούρκος πρόεδρος Ερντογάν, μέσω μιας εφαρμογής i-phone, καλούσε τον λαό να βγει στους δρόμους και βγήκαν.

Μέχρι τα ξημερώματα της 16ης Ιουλίου, που Ο Ερντογάν επιστρέφει στην Κωνσταντινούπολη, με το αεροπλάνο που άλλαξε αρκετούς προορισμούς κατά τη διάρκεια της νύχτας, για να ανακοινώσει την ήττα των πραξικοπηματιών και την «νίκη της δημοκρατίας».

Σαφώς ενισχυμένος και περισσότερο εδραιωμένος από ποτέ, πέτυχε αυτό που αγωνίζονται άλλοι χρόνια να πετύχουν με καμπάνιες πολιτικής διαφήμισης.

Σε ένα ρευστό πολιτικό περιβάλλον που υπήρχε τον τελευταίο καιρό στην Τουρκία, με την εξουσία του να αμφισβητείται και με σοβαρό ενδεχόμενο να ανατραπεί το καθεστώς με δημοκρατικό τρόπο, με τις σχέσεις του κλονισμένες στο εξωτερικό, ο Ερντογάν με μια απλή στρατηγίστικη κίνηση , άφησε την δυσμένεια να εκδηλωθεί κατά τρόπο που αντιβαίνει τυπικά τη Δημοκρατία, να εκτονωθεί το αντίπαλο δέος , απλά και μόνο για να τη καταπνίξει με τις «δυνάμεις της δημοκρατίας» και να βγει πιο κερδισμένος από ποτέ.

Με ένα σχεδόν αναίμακτο λοιπόν πραξικόπημα, με το αντίπαλο στρατόπεδο κατά κράτος ηττημένο, επιτυγχάνει αυτά που καμιά πολιτική εκστρατεία δεν θα μπορούσε να του προσφέρει , την απόλυτη κυριαρχία του.

Μια μεταμοντέρνα εκδοχή πραξικοπήματος που στηρίζεται στην ηθική αυτουργία του δεχόμενου το πραξικόπημα , μας αποκαλύπτει δυστυχώς , ότι σήμερα ούτε τα πραξικοπήματα δεν μπορούν να είναι αυθεντικά.

Και εδώ έρχεται να αποκαλυφθεί μια παραλλαγή της προβοκάτσιας, που συνίσταται στην ανοχή της πρόκλησης του εχθρού σε μικρή κλίμακα, μόνο και μόνο για καταπνιγούν ολοκληρωτικά οι αντιδράσεις και ο εξουσιαστής να πάρει για λίγο το ρόλο του ηττημένου και κατά συνέπεια της συμπάθειας του κοινού , για να ξαναβγεί κατόπιν ακόμη πιο ισχυρός λύκος, καθώς θα έχει επιβάλλει την εξουσία μέσα από τη «δημοκρατία».

Μια ακόμη στρατηγίστικη πολιτική είναι και αυτή του προστάτη που έρχεται από το εξωτερικό, όχι σαν κατακτητής που θέλει να επιβάλλει την προστασία του, αλλά σαν ο από μηχανής σωτήρας των εθνών. Αυτός είναι και στις περισσότερες περιπτώσεις ο συνσχεδιαστής του «εγκλήματος».

Και δηλώνει ο Τούσκ εκ μέρους της Ευρωπαικής Ένωσης, την αμέριστη υποστήριξη του στην κυβέρνηση της Τουρκίας.

Και κάνει δηλώσεις ο Κέρι εκ μέρους των ΗΠΑ, για ειρήνη, σταθερότητα και πολιτική συνέχεια στην Τουρκία.

Είναι πολλοί οι προστάτες, δυστυχώς, που λυμαίνονται συνολικά αυτή την περιοχή που συμπεριλαμβάνει και την Ελλάδα...

Το σύστημα μετά από το θανατηφόρο χτύπημα που του κατάφερε το BREXIT, ψυχορραγεί. Και αυτό γιατί το χτύπημα ήταν εκ των έσω. Θα πρέπει λοιπόν να λάβει τα μέτρα του και να επαναφέρει την κυριαρχία του ανά τον κόσμο, επιδεικνύοντας την δύναμη του να προκαλεί , μέσω της μειλίχιας ανοχής, τρομοκρατικά χτυπήματα , εμφύλιους, γεωπολιτικές αλλαγές.

Να πρωταγωνιστεί πίσω από κάθε καταστροφή ακόμη και «φυσική». Να προκαλεί το δέος, για να επιβάλλει στον κόσμο χωρίς μακροχρόνιους πολέμους πια, παρά μόνο με την δύναμη των Media, την κυριαρχία του.

Νομίζω όμως, ότι ο κόσμος έχει αρχίσει να αντιλαμβάνεται αυτά τα παιχνίδια, καθώς αναγκάστηκε να ξυπνήσει από την πείνα, την ανέχεια και την καταπίεση που βιώνει ή παρακολουθεί σε διπλανούς του πληθυσμούς.

Αυτό που δεν έχει αντιληφθεί το σύστημα είναι, ότι η πείνα διώκεται από τους πληθυσμούς που πρώτοι ενσωματώθηκαν στο σύστημα και τώρα θέλουν να βγουν από αυτό, διότι βλέπουν την απειλή να γενικεύεται. Τα όπλα έχουν σηκωθεί κύριοι, από τους μέσα...

ΑΡΘΡΟ 15ο
ΕΡΧΕΤΑΙ ΤΟ ΕΥΡΩΠΑΙΚΟ ΔΝΤ...

Σύμφωνα με δημοσίευμα του πρακτορείου Reuters, οι χώρες μέλη της Ευρωζώνης ετοιμάζουν ένα ενοποιημένο ταμείο με υποτιθέμενο στόχο την βοήθεια των ασθενέστερων οικονομικά χωρών μελών. Και αναφέρω υποτιθέμενο, γιατί ο σκοπός του ταμείου θα είναι να δανείζει τις ασθενέστερες οικονομικά χώρες, να πουλάει δηλαδή τραπεζικά προιόντα και να τα εισπράττει πίσω με υπέρογκους τόκους ή με τις υποθηκεύσεις εθνικού και ιδιωτικού πλούτου και όχι να τις απεγκλωβίζει από τα προβλήματά τους.

Το ΔΝΤ της Ευρωζώνης ουσιαστικά στόχο έχει να θωρακίσει το ευρώ από τους κραδασμούς που δέχτηκε από την πλήρη απαξίωση του μέσα και έξω από την ευρωπαική κοινότητα και να πείσει τα κράτη μέλη να εξακολουθούν να βρίσκονται δέσμιοι ενός νομίσματος που δεν έχει το αντίκρισμα που θα έπρεπε στα οικονομικά τους.

Για να έχει περιθώρια οικονομικού αποτελέσματος για τις ασθενέστερες χώρες το εγχείρημα αυτό, θα πρέπει καταρχήν να αναγνωρίσει τις ποιοτικές διαφορές στην αξία του ευρώ ορίζοντας την συναλλαγματική αναλογικότητα σε εισοδήματα – ανεργία και κόστος ζωής, ανά χώρα.

Από εκεί θα προκύψουν οι βασικές αρχές πάνω στις οποίες θα λειτουργεί και τα κριτήρια με τα οποία θα δανείζει και τοκίζει αντίστοιχα.

Θα πρέπει να αντιστρέψει δηλαδή τα αρχές με τις οποίες λειτουργούσε το ΔΝΤ, που έχασε την αίγλη του εξαιτίας της απόσχισης του από την κοινωνική πραγματικότητα των κρατών.

Οι ασθενέστερες χώρες θα χαίρουν χαμηλότερων επιτοκίων, καθώς και περιόδου χάριτος όταν αδυνατούν να αποπληρώσουν, έως και διαγραφής μέρους των χρεών. Σε αντίθεση με τις πιο δυνατές που θα έχουν υψηλότερα επιτόκια δανεισμού καθώς ωφελούνται από τις εσωτερικές συναλλαγές με τις ασθενέστερες και υποχρέωση διάθεσης μέρους των πλεονασματικών τους προς ανακούφιση των ασθενέστερων.

Μόνο έτσι μπορούν να δεσμεύονται τα μέλη της ευρωζώνης με συγκεκριμένα πλεονάσματα κάθε χρόνο και να ελέγχονται ετησίως τόσο για την πορεία των δημοσιονομικών τους, όσο και για την υλοποίηση των διαρθρωτικών αλλαγών.

Διαφορετικά, η ύπαρξη ενός δημοσιονομικού ταμείου που στόχο έχει να συνεχίσει τη πολιτική της Ευρωπαικής Κεντρικής Τράπεζας –ΕΚΤ με τις ίδιες συμβατικές νομισματικές εκποιήσεις κεκαλυμμένα, δεν θα αποτελεί παρά μια οικτρή φάρσα εις βάρος των ασθενέστερων κρατών μελών , απλά και μόνο για να τα δεσμεύει και να τα ελέγχει περισσότερο και να μην μπορούν να απεγκλωβιστούν ποτέ από αυτό το σαθρό οικοδόμημα που ονομάζεται Ευρωπαική Ένωση.

Εάν λοιπόν η Ευρωπαική Ένωση δεν μπορεί να υιοθετήσει λύσεις ρηξικέλευθες, προκειμένου για την οικονομική ανάπτυξη και ευημερία όλων, τότε είναι προτιμότερο να διαλυθεί μια ώρα αρχύτερα, παρά να χρησιμοποιεί επικοινωνιακά τεχνάσματα του τύπου «το καινούργιο δημοσιονομικό ταμείο θα είναι καλύτερο ενεχυροδανειστήριο...».

Το να αλλάζεις όνομα δεν προυποθέτει ότι θα συνεχίζεις να κοροιδεύεις τους λαούς και να τους εκμεταλλεύεσαι, με επικοινωνιακά τρικ.

Τα δημοσιονομικά ταμεία πρώτο στόχο πρέπει να έχουν ΟΧΙ τις αγορές , αλλά την σταθεροποίηση στις κοινωνικές και αναπτυξιακές δομές που θα επιτρέψουν να αναδιοργανωθεί η τοπική κοινωνία και η επιχειρηματικότητα που παράγουν την καταναλωτική δύναμη.

Και θα επαναλάβω μια σκέψη που έχω καταθέσει και στο παρελθόν. Οτιδήποτε δεν υπηρετεί τον άνθρωπο όσο καλά καμουφλαρισμένο και να είναι, θα εκπυρσοκροτήσει πίσω...

ΑΡΘΡΟ 16ᵒ

ΚΑΙ Η ΠΡΟΣΦΥΓΙΑ ΚΑΙ Η ΦΤΩΧΕΙΑ ΚΑΛΑ ΚΡΑΤΟΥΝ...

Σύμφωνα με έκθεση της UNICEF με τον τίτλο «Ξεριζωμένα», σχεδόν 50 εκατομμύρια παιδιά σε όλο τον κόσμο έχουν ξεριζωθεί και εκατομμύρια περισσότερα μεταναστεύουν με την ελπίδα να βρουν μια καλύτερη, ασφαλέστερη ζωή. Συχνά τραυματισμένα από τις συγκρούσεις και τη βία που διαφεύγουν, αντιμετωπίζουν επιπλέον κινδύνους στο δρόμο, συμπεριλαμβανομένου του πνιγμού περνώντας τη θάλασσα, υποσιτισμού και αφυδάτωσης, εμπορίας, απαγωγής, βιασμού, ακόμη και φόνου. Στις χώρες δια μέσου των οποίων ταξιδεύουν και στους προορισμούς τους, συχνά αντιμετωπίζουν την ξενοφοβία και τις διακρίσεις.

Τα παιδιά αποτελούν ένα δυσανάλογο και αυξανόμενο ποσοστό των ατόμων που έχουν αναζητήσει καταφύγιο έξω από τις χώρες που γεννήθηκαν: αποτελούν περίπου το ένα τρίτο του παγκόσμιου πληθυσμού, αλλά περίπου το ήμισυ του συνόλου των προσφύγων. Το 2015 περίπου το 45% όλων των παιδιών προσφύγων υπό την προστασία της Ύπατης Αρμοστείας (UNHCR) προέρχονταν από τη Συρία και το Αφγανιστάν.

- 28 εκατομμύρια παιδιά έχουν εκδιωχθεί από τα σπίτια τους από τις συγκρούσεις και τη βία εντός και εκτός συνόρων, στα οποία συμπεριλαμβάνονται 10 εκατομμύρια παιδιά πρόσφυγες - 1 εκατομμύριο αιτούντα άσυλο των οποίων το καθεστώς ως πρόσφυγες δεν έχει ακόμη καθοριστεί - και κατ' εκτίμηση 17 εκατομμύρια παιδιά εκτοπισμένα στο εσωτερικό των χωρών τους - παιδιά σε απελπιστική ανάγκη για ανθρωπιστική βοήθεια και πρόσβαση σε κρίσιμες υπηρεσίες.
- Όλο και περισσότερα παιδιά διασχίζουν τα σύνορα μόνα τους. Το 2015, πάνω από 100.000 ασυνόδευτοι ανήλικοι υπέβαλαν αίτηση για άσυλο σε 78 χώρες - τριπλάσιος αριθμός σε σχέση με το 2014. Τα ασυνόδευτα παιδιά είναι μεταξύ εκείνων που διατρέχουν τον υψηλότερο κίνδυνο από εκμετάλλευση και κακοποίηση, συμπεριλαμβανομένης της διακίνησης και εμπορίας ανθρώπων.
- Περίπου 20 εκατομμύρια άλλα παιδιά διεθνείς μετανάστες έχουν εγκαταλείψει τα σπίτια τους για διάφορους λόγους, συμπεριλαμβανομένων της ακραίας φτώχειας ή της βίας των συμμοριών. Πολλά διατρέχουν ιδιαίτερο κίνδυνο κακοποίησης και κράτησης, επειδή

δεν έχουν καθόλου χαρτιά, έχουν αβέβαιο νομικό καθεστώς και δεν υπάρχει συστηματική παρακολούθηση και έλεγχος της ευημερίας τους.

Σύμφωνα με την ίδια έκθεση, η Τουρκία φιλοξενεί το μεγαλύτερο συνολικό αριθμό των πρόσφατων προσφύγων, και πολύ πιθανόν το μεγαλύτερο αριθμό των παιδιών προσφύγων στον κόσμο. Σε σχέση με τον πληθυσμό του, ο Λίβανος φιλοξενεί το μεγαλύτερο αριθμό προσφύγων σε συντριπτική αναλογία: Περίπου 1 στους 5 ανθρώπους στο Λίβανο είναι πρόσφυγας. Συγκριτικά, υπάρχει περίπου 1 πρόσφυγας για κάθε 530 άτομα στο Ηνωμένο Βασίλειο και 1 για κάθε 1.200 στις Ηνωμένες Πολιτείες. Όταν εξετάζουμε χώρες φιλοξενίας προσφύγων με βάση το επίπεδο του εισοδήματος ωστόσο, η Λαϊκή Δημοκρατία του Κονγκό, η Αιθιοπία και το Πακιστάν φιλοξενούν τη μεγαλύτερη συγκέντρωση προσφύγων.

Στην Ελλάδα το 38% (60.000 από σύνολο 160.000) των αφίξεων προσφύγων ήταν παιδιά ενώ στην Ιταλία ήταν μόνο 16% (15.000 από σύνολο 94.000). Πρώτη χώρα προέλευσης για την Ελλάδα η Συρία (48%) ενώ για την Ιταλία η Νιγηρία (20%).

Στην Ελλάδα, την Ισπανία και τη Γαλλία, μεταξύ 45% και 55% των παιδιών των μεταναστών ζουν στη φτώχεια, σε διπλάσιο ποσοστό απ' ότι τα παιδιά από γονείς μη-μετανάστες.

Ποιες είναι όμως οι ευκαιρίες που μπορούν να δοθούν σε αυτά τα παιδιά και τις οικογένειες τους σε χώρες με κατεστραμμένες οικονομίες όπως η Ελλάδα, για να αντιμετωπίσουν την φτώχεια και να ενσωματωθούν στο κοινωνικό και μαθησιακό περιβάλλον;

Από λίγες έως ελάχιστες, καθώς ο προυπολογισμός δεν επαρκεί για τέτοιες δράσεις.

Ποια είναι η συμμετοχή της Ευρωπαικής Ένωσης ή της διεθνούς κοινότητας στην αντιμετώπιση αυτού του ορυμαγδού;

Από ελάχιστη έως μηδενική.

Τα παιδιά που αποτελούν το μέλλον αυτού του κόσμου, τα φυτώρια δηλαδή της κοινωνίας μας, ξεριζώνονται βίαια, διώκονται, αναγκάζονται να ζήσουν σε συνθήκες χειρότερες και από αυτές που ζουν τα κακοποιημένα ζώα.

Την ίδια στιγμή που αυξάνεται ο πλούτος στα χέρια της διεθνούς ολιγοκρατίας...

Βέβαια αν δεν συνέβαιναν οι ανακατατάξεις πληθυσμών, η αναδιανομή του ιδιωτικού και εθνικού πλούτου μέσω πολέμων και κερδοσκοπικών επιθέσεων , δε θα μπορούσε να αυξηθεί ο πλούτος υπέρ των ολίγων.

Η τεχνητές ανισότητες αυτές της ζωής τελικά, σκοπό έχουν να οριοθετήσουν μια άλλη ζωή στον πλανήτη κόντρα στην φυσική του κατανομή.

Για αυτό και ο ρατσισμός, οι διακρίσεις φυλετικές και οικονομικές, που ρυθμίζουν την αγορά της ζωής σχετικά με τη κατανομή των εισοδημάτων και του πλούτου υπέρ των πλουσίων -και προσέξτε το οξύμωρο τώρα - και η απορύθμιση, η απελευθέρωση δηλαδή της επιχειρηματικής αγοράς πάλι όμως υπέρ των πλουσίων, αποτελούν δυστυχώς αγαπητοί μου τον σημερινό μας πολιτισμό, που αντιτίθεται σε όποια ηθική ισότητα ή ανισότητα της φύσης…

ΑΡΘΡΟ 17ο

ΓΕΡΜΑΝΙΚΕΣ ΑΠΟΖΗΜΙΩΣΕΙΣ ΚΑΙ ΠΟΛΙΤΙΚΟΣ ΑΜΟΡΑΛΙΣΜΟΣ

Η Γερμανία προσπαθώντας να κερδίσει τη μάχη των εντυπώσεων, δημιουργεί ένα μπαράζ δηλώσεων και δημοσιεύσεων που στόχο έχουν να εκτονώσουν τις διεκδικήσεις για τις Γερμανικές Αποζημιώσεις και τελικά να αποφύγει μια αποτελεσματική έκβαση της υπόθεσης, χωρίς να ρισκάρει τη φήμη της στην Ευρωπαϊκή οικογένεια.

«Δίκαιες απαιτήσεις» ήταν ο τίτλος δημοσιεύματος του περιοδικού Der Spiegel, το Μάιο του 2015, στο οποίο καταγράφεται η δήλωση γερμανού δικαστή του Ανώτατου Διοικητικού Δικαστηρίου υπέρ της ελληνικής διεκδίκησης των αποζημιώσεων και του αναγκαστικού κατοχικού δανείου.

«Αρκετά στοιχεία συνηγορούν υπέρ του ότι πρόκειται για δάνειο» επισημαίνει ο δικαστής Ντίτερ Ντάιζερστ, και διευκρινίζει χαρακτηριστικά πως δεν μπορεί να γίνει παραγραφή των απαιτήσεων λόγω της Συμφωνίας 2+4, που αποτελεί κλασικό παράδειγμα σύμβασης εις βάρος τρίτου.

Ανάφερε χαρακτηριστικά, μάλιστα: «Η Ελλάδα δεν παραιτήθηκε από τις απαιτήσεις της. Δεν εκφράστηκε γραπτώς και δεν μπορεί να υπάρξει παραίτηση μέσω της σιωπής…».

Πεποίθησή του, ότι η Ελλάδα πρέπει να προσφύγει στο Διεθνές Δικαστήριο της Χάγης. Αυτή η ενέργεια όμως προυποθέτει συμφωνία με το Βερολίνο, ή με το Δικαστήριο Συμβιβασμού και Διαιτησίας του ΟΑΣΕ.

Την ίδια εποχή, ο πρόεδρος της Γερμανίας Γιοάχιμ Γκάουκ εξέφρασε την υποστήριξή του προς τα αιτήματα της Αθήνας σχετικά με την καταβολή των πολεμικών επανορθώσεων, ακόμα κι αν η γερμανική κυβέρνηση είχε επανειλημμένα απορρίψει τα αιτήματα αυτά.

Δήλωσε χαρακτηριστικά : «Δεν είμαστε μονάχα πολίτες που ζουν στο σήμερα και στη σύγχρονη εποχή, αλλά είμαστε επίσης απόγονοι εκείνων που άφησαν πίσω τους ένα μονοπάτι καταστροφής στην Ευρώπη κατά τη διάρκεια του Δευτέρου

Παγκοσμίου Πολέμου, και στην Ελλάδα, μεταξύ άλλων περιοχών, όπου επονείδιστα γνωρίζαμε λίγα σχετικά με αυτό το θέμα για τόσο μεγάλο διάστημα. Είναι το σωστό για μια χώρα που έχει πλήρη επίγνωση της ιστορίας της, όπως η δική μας να εξετάζει τι πιθανότητες ενδεχομένως υπάρχουν για την καταβολή επανορθώσεων».

Απρίλιος του 2015 και ο υπουργός Οικονομίας και αντικαγκελάριος της Γερμανίας Ζίγκμαρ Γκάμπριελ, χαρακτήρισε βλακώδεις τις διεκδικήσεις της Ελλάδας για τις πολεμικές αποζημιώσεις.

Δήλωσε χαρακτηριστικά : «Ειλικρινά, βρίσκω ότι είναι βλακώδες η Ελλάδα να επιδιώκει με αυτόν τον τρόπο να εξασφαλίσει μεγαλύτερα περιθώρια από τους εταίρους της στην ευρωζώνη, ώστε η Αθήνα να ξεπεράσει την κρίση κρατικού χρέους που αντιμετωπίζει. Και αυτό το περιθώριο δεν έχει απολύτως καμιά σχέση με τον Β΄Παγκόσμιο Πόλεμο ή τις πολεμικές αποζημιώσεις». Ενώ επικαλείται και τη Συμφωνία 2+4 , η οποία απεγκλωβίζει υποτίθεται τη Γερμανία από την απόδοση των Γερμανικών Αποζημιώσεων.

Προσέξτε, ο Γκάμπριελ είναι ο ηγέτης των Σοσιαλδημοκρατών (SPD), του κόμματος που αποτελεί εταίρο στην κυβέρνηση της Ανγκελα Μέρκελ.

Για να δούμε όμως ποια είναι η Συμφωνία 2+4, πότε υπογράφηκε, από ποιους και γιατί.

Στις 27 Φεβρουαρίου του 1953, αρχίζουν στο Λονδίνο οι διαπραγματεύσεις για τη διαγραφή του γερμανικού χρέους. Ήταν η περίφημη διάσκεψη για το κούρεμα του γερμανικού χρέους. Την διάσκεψη συγκάλεσαν οι ΗΠΑ, σε μια προσπάθεια να εντάξουν τη Γερμανία στο Δύση. Ανάμεσα στις χώρες – πιστωτές που μετείχαν στις διαβουλεύσεις του Λονδίνου ήταν οι ΗΠΑ, ο Καναδάς, η Γαλλία, η Βρετανία, το Ιράν, η Ιταλία, η Ισπανία, η Γιουγκοσλαβία, η Νότιος Αφρική, η Ελβετία και η Ελλάδα. Η Ρωσία και οι χώρες του τότε ανατολικού μπλοκ δεν συμμετείχαν στην Διάσκεψη. Η διαπραγμάτευση κράτησε έως τις 8 Αυγούστου του 1953. Τότε λοιπόν υπογράφηκε η συμφωνία του Λονδίνου , που απελευθέρωσε τη Γερμανία από τα εξωτερικά της χρέη. Η συμφωνία προέβλεπε κούρεμα του γερμανικού χρέους πάνω από 50% και αποπληρωμή του με ρήτρα εμπορικού πλεονάσματος, σε 30 χρόνια.

Αντίστροφα, για τις Γερμανικές Αποζημιώσεις σε άλλα κράτη, η συμφωνία προέβλεπε πάγωμα μέχρι και την επανένωση της .

Παρότι το τείχος του Βερολίνου έπεσε και η Γερμανία ενώθηκε , οι Γερμανικές Αποζημιώσεις όχι μόνο ξεχάστηκαν αλλά στην περίφημη Συμφωνία 2+4, που υπογράφηκε στις 12/9/1989 μεταξύ των δύο τέως χωριστών γερμανικών κρατών και των 4 μεγάλων αντιπάλων της Γερμανίας στο Β παγκόσμιο πόλεμο, δηλαδή των Ηνωμένων Πολιτειών, της Σοβιετικής Ένωσης, του Ηνωμένου Βασιλείου και της Γαλλίας, παραβλέφθηκαν εντελώς.

Το αξιοπερίεργο σε όλη αυτή την ιστορία είναι η επιλεκτική μεταχείριση της Γερμανίας, ως αναφορά το χρέος της, σε αντιδιαστολή με τις δικές της οικονομικές υποχρεώσεις απέναντι σε άλλα κράτη , που δεν είχε παραβιάσει απλά στοιχειώδη ανθρώπινα δικαιώματα, αλλά διενέργησε τεράστια εγκλήματα.
Στην περίφημη Συμφωνία όμως 2+4 , η παράβλεψη των οφειλών της Γερμανίας δεν σημαίνει και παραγραφή τους. Και εδώ βρίσκεται το κλειδί της υπόθεσης.

ΑΥΤΟ ΣΗΜΑΙΝΕΙ ΟΤΙ ΤΟ ΠΑΙΧΝΙΔΙ ΕΙΝΑΙ ΑΝΟΙΧΤΟ ΚΥΡΙΟΙ...

Για να δούμε την συνέχεια της ιστορίας όμως:

Μόλις τον περασμένο Σεπτεμβριο του 2016, η γερμανική κυβέρνηση απόκλεισε στην ελληνική κυβέρνηση την όποια συζήτηση περί γερμανικών αποζημιώσεων, μέσω του εκπροσώπου της Καγκελαρίας, **Στέφεν Ζάιμπερτ**, να δηλώνει ότι «το θέμα για εμάς έχει λήξει νομοθετικά και πολιτικά». Ταυτόχρονα ο **εκπρόσωπος τύπου του Γερμανικού ΥΠΕΞ** δήλωνε πως « Δεν υπάρχει περίπτωση να δεχθούμε διαπραγματεύσεις με την Ελλάδα για το θέμα των αποζημιώσεων».

Την ίδια στιγμή, το Der Spiegel, που είχε κάνει λόγο το 2015 για δίκαιες αποζημιώσεις, στηλιτεύει την στάση της Ελληνικής πλευράς για το άνοιγμα διαπραγματεύσεων, σχετικά με τις Γερμανικές Αποζημιώσεις και αυτό γιατί θα πρέπει να συνδεθεί άμεσα με το κούρεμα του ελληνικού χρέους, για το οποίο ουδεμία διάθεση υπάρχει να διευθετηθεί, γιατί αφορά την μείωση των πλεονασματικών της Γερμανίας που αρνείται πεισματικά να διαθέσει ακόμη και εκεί που οφείλει.

Το συμπέρασμα που τεκμαίρεται από την όλη ιστορία , είναι ότι όλες οι δηλώσεις , δημοσιεύσεις κτλ δεν αποτελούν παρά έναν χείριστο ΕΜΠΑΙΓΜΟ εις βάρος της Ελλάδας.

ΟΥΤΕ ΟΙ ΓΕΡΜΑΝΙΚΕΣ ΑΠΟΖΗΜΙΩΣΕΙΣ ΥΠΑΡΧΕΙ ΠΡΟΘΕΣΗ ΝΑ ΑΠΟΔΟΘΟΥΝ – ΟΥΤΕ ΚΟΥΡΕΜΑ ΤΟΥ ΕΛΛΗΝΙΚΟΥ ΧΡΕΟΥΣ ΥΠΑΡΧΕΙ ΠΡΟΘΕΣΗ ΝΑ ΓΙΝΕΙ.

Ο πολιτικός αμοραλισμός σαφώς και επιτρέπει αυτές τις προσεγγίσεις, προκειμένου να επιτύχει τις ισορροπίες που επιθυμεί ένα σύστημα που ευνοεί μόνον τους ισχυρούς και τους εκτελεστικούς τους παράγοντες.

Το ζητούμενο είναι όμως, πως εμείς επιτρέπουμε να μας μεταχειρίζεται το σύστημα, όταν και νομικά ακόμη δεν μπορεί να στηρίξει την όποια απόρριψη αίτησης από πλευράς της Ελλάδας για το δίκαιο αίτημα των Γερμανικών Αποζημιώσεων. Και οι ρήξεις, φίλοι της Κυβέρνησης, δεν μπορεί να είναι βελούδινες.

Ποτέ δεν θα υπάρχει κατάλληλη εποχή για την απονομή του δικαίου. Εμείς, οι άνθρωποι πάντα θα την δημιουργούμε. Θα κάνουμε τις ρήξεις και θα εισπράττουμε τα αποτελέσματα , όποια και αν είναι αυτά. Γιατί το δίκαιο δεν διαθέτει θετική ή αρνητική έκβαση , παρά μόνο αγώνα…

ΑΡΘΡΟ 18°

Η ΠΑΡΩΔΙΑ ΤΩΝ ΑΜΕΡΙΚΑΝΙΚΩΝ ΕΚΛΟΓΩΝ

Οι προεδρικές εκλογές των Ηνωμένων Πολιτειών 2016, είναι οι 58ες ανά τετραετία προεδρικές εκλογές, οι οποίες θα διεξαχθούν στις 8 Νοεμβρίου 2016. Οι ψηφοφόροι στις εκλογές αυτές θα επιλέξουν εκλέκτορες, οι οποίοι με τη σειρά τους θα επιλέξουν το νέο Πρόεδρο και το νέο Αντιπρόεδρο των Ηνωμένων Πολιτειών.

Τυπικά η διαδικασία έχει ως εξής:

Οι υποψήφιοι για την προεδρία, που επιδιώκουν να εκπροσωπήσουν ένα από τα κόμματα των Ηνωμένων Πολιτειών, καταθέτουν υποψηφιότητα και αναλόγως το κάθε κόμμα επιλέγει τον υποψήφιό του μέσω προκριματικών εκλογών. Κατόπιν, οι αντιπρόσωποι του κάθε κόμματος προτείνουν επισήμως κάποιον υποψήφιο εκ μέρους του κόμματος.

Έτσι λοιπόν οι υποψήφιοι για την προεδρία των δύο μεγάλων κομμάτων, στις επερχόμενες εκλογές είναι:

-Η Χίλαρι Κλίντον με το κόμμα των Δημοκρατικών - Πρώην Υπουργός Εξωτερικών

-Ο Ντόναλντ Τραμπ με το Ρεπουμπλικανικό κόμμα – Επιχειρηματίας

Και οι δύο υποψήφιοι έχουν επιδοθεί σε μια μάχη εντυπώσεων προκειμένου να κερδίσουν την κοινή γνώμη με τεχνάσματα ή χωρίς.

Μετά από ένα ντιμπέιτ μετριότητας, που δεν είχε να επιδείξει ούτε πολιτικό πρόγραμμα για τον μέλλον της χώρας από κάθε υποψήφιο, αλλά ούτε και το ιδεολογικό ανάστημα του καθενός, ο μέσος αμερικανός ψηφοφόρος αμφιβάλω αν θα είναι σε θέση να αναγνωρίσει ποιον θέλει πραγματικά να ψηφίσει για πρόεδρο της χώρας του, ή θα πάει με το ρεύμα του καλύτερου από του χειρότερου.

Πώς είναι όμως τα πράγματα στη χώρα πολιτικά και οικονομικά;

Έχει την πολυτέλεια ο αμερικανός ψηφοφόρος να αγνοήσει την δυσάρεστη πραγματικότητα και να ψηφίσει με κριτήρια καθαρά επικοινωνιακά;

Μήπως ήρθε ο καιρός να εστιάσει στην πολιτική και να διεκδικήσει ένα συγκεκριμένο σχέδιο ανάπτυξης της χώρας του, που δεν θα ευνοεί μόνο τους αριθμούς αλλά και τον άνθρωπο;

Μπορεί ένα σύστημα που παράγει πολιτικούς κατά παραγγελία του καπιταλισμού ή αλλιώς φιλελευθερισμού ή αλλιώς νεοφιλελευθερισμού, που ψηφίζουν την πλήρη απορύθμιση της αγοράς και αναζητούν πολέμους εμπράγματους ή οικονομικούς, προκειμένου να επιβάλλουν τον προστατευτισμό σε ξένες περιουσίες, να εξυπηρετήσει τις ιδεολογικές αλλά και εργασιακές, προσωπικές ανάγκες του ανθρώπου, που αναζητά ένα καλύτερο μέλλον με άξονες την υγεία – την εργασία – την ασφάλιση- την εκπαίδευση –το περιβάλλον, μέσα στην χώρα του και όχι έξω από αυτήν;

Πώς ορίζεται η ανάπτυξη; Σε ποια βάση πρέπει να οικοδομείται, των κοινωνικών μεταρρυθμίσεων ή των πλαστών ρυθμών της οικονομίας; Και αναφέρω πλαστών, διότι δεν αντιστοιχούν σε ευημερία του ανθρώπου , αντίθετα αντιστοιχούν σε φτώχεια και δυσμοιρία.

Παρότι η αμερικανική οικονομία είναι «γενικά σε καλή κατάσταση» μας πληροφορεί, ποιος άλλος, το ΔΝΤ, από την άλλη πλευρά μας προειδοποιεί ότι ο αριθμός των αμερικανών πολιτών που ζουν σε συνθήκες φτώχειας και ανισότητας είναι υπερβολικά μεγάλος.

Αυτό το σύστημα δημιουργεί το οξύμωρο : η οικονομία να είναι σε καλή κατάσταση και ο λαός να υποφέρει. Αυτό το σύστημα δυστυχώς δημιουργεί την ιδεολογική ανυπαρξία.

Τα προβλήματα που έρχονται αντιμέτωπες οι ΗΠΑ αυτή τη στιγμή, είναι η γήρανση του πληθυσμού, οι παρωχημένες υποδομές και η οικονομική και κοινωνική συμπίεση της μεσαίας τάξης, που έχει προέλθει από την συρρίκνωση των εισοδημάτων. Αναφέρει χαρακτηριστικά η έκθεση του ΔΝΤ: « η μεσαία τάξη δεν ήταν ποτέ τόσο μικρή, όσο τα τελευταία 30 χρόνια».

Συμπερασματικά, το σημαντικότερο πρόβλημα της αμερικανικής οικονομίας, αυτή τη στιγμή, αποτελεί η άνιση κατανομή των εισοδημάτων που παγιώνει τους δύο πόλους , των πολύ πλούσιων και των πολύ φτωχών και οδηγεί στην εξαθλίωση των μεσαίων στρωμάτων.

Για όλα αυτά όμως, σιγή ιχθύος και από τα δύο μεγάλα στρατόπεδα...

Απλά μεταφέρουν την εικόνα αλλού. Κοινώς αποπροσανατολίζουν την κοινή γνώμη από τα πραγματικά της προβλήματα, προσπαθώντας με ασπιρίνη να θεραπεύσουν τον καρκίνο.

Για να δούμε όμως τα 7 (επτά) δυνατά και αδύνατα σημεία του κάθε υποψήφιου:

ΧΙΛΑΡΥ ΚΛΙΝΤΟΝ

ΔΥΝΑΤΑ ΣΗΜΕΙΑ

-Πολιτική εμπειρία ως πρώην Υπουργός Εξωτερικών και πρώτη κυρία των ΗΠΑ.

-Αδυσώπητα μαχητική.

-Δυναμική διείσδυσης σε συγκεκριμένα οικονομικά lobbies που θα της εξασφαλίσουν δύναμη.

-Δυναμική διείσδυσης στο στρατόπεδο των Δημοκρατικών που της κληροδοτήθηκε από τον Μπιλ Κλίντον.

-Θα αποτελέσει την πρώτη γυναίκα Πρόεδρο των ΗΠΑ.

-Τεχνοκρατική γνώση και εμπειρία στην διαχείριση.

-Ικανότητα να δημιουργεί συνασπισμούς δυνάμεων, όχι μόνο μέσα στο δημοκρατικό στρατόπεδο, αλλά και στην κοινωνία. Εμφανίζει μια ποιότητα ηγετικής δυναμικής, όχι συνδεδεμένη όμως με την ιδεολογία.

ΑΔΥΝΑΤΑ ΣΗΜΕΙΑ

-Φορτώνεται τα κακώς κείμενα της εξωτερικής επεκτατικής πολιτικής των ΗΠΑ , όχι μόνο τα δικά της αλλά και του Μπιλ Κλίντον που έχει χαρακτηρισθεί ως ο σφαγέας των Γιουγκοσλαβίας.

-Αναξιόπιστη – Email Gate.

-Δεν αναμειγνύεται με το λαό.

-Δεν έχει συγκεκριμένο όραμα και πρόγραμμα για την χώρα.

-Διθενισμός –Στημένη στάση απέναντι στο κοινό αλλά και την ίδια την πολιτική.

-Δεν αποκλίνει από την αυστηρή γραμμή των Δημοκρατικών, ακόμη κι αν πρόκειται αποδεδειγμένα για την ωφέλεια του αμερικάνικου λαού.

-Αναπόσπαστο μέρος του συστήματος που ανοίγει την ψαλίδα μεταξύ πολύ πλούσιων και φτωχών και εξαπλώνει την φτώχεια στη μεσαία τάξη.

ΝΤΟΝΑΛΝΤ ΤΡΑΜΠ

ΔΥΝΑΤΑ ΣΗΜΕΙΑ

-Επιχειρηματίας –Καλή γνώση της αγοράς.

-Βασιλιάς των Media.

-Στοιχεία ηγετικής φυσιογνωμίας.

-Πλησιάζει όλα τα κοινά.

-Αυθεντικός στα δυνατά και αδύνατα σημεία του.

-Δεν διστάζει να παρουσιάσει θέση και άποψη ακόμη κι αν λοιδορηθεί από μερίδα ψηφοφόρων.

-Δεν διστάζει να υιοθετήσει θέσεις που δεν ανήκουν στην επίσημη πολιτική γραμμή των Ρεπουμπλικάνων.

ΑΔΥΝΑΤΑ ΣΗΜΕΙΑ

-Ρατσιστής.

-Λαικιστής.

-Δεν έχει συγκεκριμένο όραμα και πρόγραμμα για τη χώρα.

-Ανήκει στο σύστημα όσο κι αν φαίνεται αποστασιοποιημένος από την Ουάσινγκτον, για αυτό και εκλέχθηκε ανάμεσα σε πολύ καλύτερους υποψήφιους για το χρίσμα των Ρεπουμπλικάνων.

-Δείχνει αλαζονεία προς την εξουσία που την έχει αποκτήσει μέσα από τις επιχειρήσεις του και σίγουρα θα επιδείξει και στην άσκηση πολιτικής διοίκησης.

-Έχει επιδοθεί σε οικονομικά και προσωπικά σκάνδαλα.

-Έλλειψη εμπειρίας και γνώσεων στην άσκηση πολιτικής.

Αν προσέξατε και στις δύο περιπτώσεις τα δυνατά τους σημεία είναι άσχετα με την πραγματική άσκηση πολιτικής, που θα βγάλει τη χώρα από τα αδιέξοδα και θα καταργήσει τις όποιες ανισότητες. Επίσης, σε καμία περίπτωση δεν δημιουργούν ευκαιρίες πραγματικής ανάπτυξης.

Αν προσέξατε και στις δύο περιπτώσεις, στα αδύνατα τους σημεία, κάποια είναι πανομοιότυπα :

-Δεν έχουν συγκεκριμένο όραμα και πρόγραμμα για την χώρα.

-Ανήκουν και οι δύο στο σύστημα που δεν προγραμματίζει την εξέλιξη και την ευημερία όλων των πολιτών, αλλά ανοίγει την ψαλίδα μεταξύ πολύ πλούσιων και πολύ φτωχών και εξαπλώνει την φτώχεια στα μεσαία στρώματα.

Έχουν ακριβώς την ίδια προσέγγιση σε σχέση με την ουσία της πολιτικής και της οικονομίας, αλλά και των κοινωνικών μεταρρυθμίσεων που χρειάζεται η χώρα. Δηλαδή ΜΗΔΕΝΙΚΗ!

Αυτό σημαίνει, ότι το σύστημα φρόντισε να ορίσει μια Κλίντον, με δυνατά ποσοτικά εκλογικά αποθεματικά από τον Μπιλ Κλίντον ως το νέο και καινοτόμο , καθώς γυναίκα, πρόσωπο, που θα συνεχίσει να εκτελεί την ίδια πολιτική αποσύνθεσης τόσο στο εσωτερικό όσο και στο εξωτερικό των ΗΠΑ, εξοστρακίζοντας όποια άλλη δύναμη προερχόταν από το εσωτερικό των Δημοκρατικών, που θα μπορούσε να ασκήσει κοινωνική πολιτική.

Ταυτόχρονα ανακάλυψε έναν γραφικό τύπο στο αντίθετο στρατόπεδο , που όσο κι αν φαινόταν ότι απείχε από το σύστημα , είναι βαθιά χωμένος σε αυτό, για να αποτελέσει τον εύκολο αντίπαλο, που θα επιτρέψει την εκλογή Κλίντον, που βασίζεται αποκλειστικά επάνω σε ισχυρά lobbies. Απόδειξη ότι υπήρχαν πολύ πιο ισχυροί και ηθικοί αντίπαλοι στο στρατόπεδο των Ρεπουμπλικάνων, που θα είχαν απήχηση στο λαό, που όμως δεν κατάφεραν να πάρουν την υποψηφιότητα, για να μην ρισκάρουν την εκλογή Κλίντον!

Αγαπητοί μου φίλοι, Κυβέρνηση και Αντιπολίτευση θα αποτελέσουν το ίδιο και το αυτό σύστημα. Γιάννης θα πίνει , Γιάννης θα κερνάει, τόσο στο εσωτερικό όσο και στο εξωτερικό.

Τα αυτιά και τα μάτια σου Αμερικάνε... Να τολμήσεις κάποτε να κάνεις την Ανατροπή και από πρόβατο να γίνεις λύκος, που να διεκδικήσει την δικαίωση. Ίσως έτσι βοηθήσεις και άλλους λαούς ...

ΑΡΘΡΟ 19°
ΚΟΚΚΙΝΑ ΧΡΕΗ ΚΑΙ... ΧΡΕΟΛΗΠΤΕΣ

Η σχέσεις δανειοληπτών και τραπεζών , έχω αναφέρει και σε προηγούμενα άρθρα μου, δεν μπορούν να στηριχτούν σε μια δίκαιη βάση ανταλλαγής χρήματος και υπηρεσιών. Και αυτό γιατί η ιδιωτική ταυτότητα πλέον των τραπεζών κατευθύνεται από εξωχώρια πολιτική, που συνδέεται άμεσα με την πολιτική χειραγώγηση της χώρας και των πολιτών της.

Το ιδιωτικό χρέος έχει υποδουλώσει νοικοκυριά και επιχειρήσεις, με αποτέλεσμα να πλήττεται σοβαρά το αναφαίρετο δικαίωμα του ανθρώπου στην αξιοπρεπή διαβίωση, η αγοραστική δύναμη και η ανάπτυξη του επιχειρηματικού ιστού, που αποτελεί το οικονομικό σώμα της χώρας. Κατ' επέκταση πλήττεται η ίδια η χώρα, καθώς οι πόροι δεν επαρκούν για να ασκεί αυτεξούσια πολιτική δράση και καταφεύγει στον εξωτερικό δανεισμό, που συνίσταται την διαρκή διαπραγμάτευση των κυριαρχικών της δικαιωμάτων πάνω στον λαό , στα σύνορα και την περιουσία της.

Το κλειδί για τον απεγκλωβισμό της και την επανεκκίνηση της οικονομίας, αποτελεί η κρατικοποίηση των τραπεζών. Μόνο όταν περάσουν οι τράπεζες σε εθνικό έλεγχο το τραπεζικό σύστημα μπορεί να σταματήσει την αποπληρωμή του αισχροκερδούς χρέους , χωρίς να φύγει απαραίτητα και άμεσα από την Ευρωπαϊκή Ένωση και να ασκήσει «σεισάχθεια», μια δυνατή εφαρμογή γνωστή από τους αρχαίους ημών προγόνους.

Μόνο έτσι θα μπορούμε να έχουμε πραγματική και πρακτική σύνδεση της οικονομίας με την κοινωνική δικαιοσύνη. Διότι κανένα από τα δύο δεν δημιουργεί μόνο του το πλαίσιο ενός λειτουργικού κράτους.

Τι είναι όμως η σεισάχθεια;

Ο Σόλωνας ο Αθηναίος είχε διαγράψει όλα τα χρέη προς τους ιδιώτες και το αθηναϊκό Δημόσιο και απαγόρεψε τα δάνεια «επί σώμασι», δηλαδή τις αξιώσεις που καθιστούσαν τον οφειλέτη δούλο απέναντι στον πιστωτή. Αυτό αποτέλεσε και την πρώτη οικονομική θεωρία βασισμένη επάνω στη διαχείριση των οικονομικών και πολιτικών κρίσεων, που αφήνει περιθώρια στην ανάπτυξη και ευημερία κρατών και λαών.

Ο ρυθμιστικός ρόλος του κράτους στην λειτουργία των τραπεζών είναι απαραίτητος και αναγκαίος όχι μόνο για την τόνωση την οικονομίας , αλλά και για την προστασία των δανειοληπτών από την ασύδοτη λειτουργία των τραπεζών, που δεν τηρούν ούτε τους βασικούς και νόμιμους κανόνες λειτουργίας, προκειμένου να ληστέψουν το ίδιο καταναλωτικό κοινό στο οποίο απευθύνονται. Που όμως δεν έχει εναλλακτική να αντιπαλαίψει το σύστημα.

Παράδειγμα:

Η ΑΤΕ πωλήθηκε στην Τράπεζα Πειραιώς. Στην πραγματικότητα χαρίστηκε στην Τράπεζα Πειραιώς, με 7,5 δισ. ευρώ διαφορά ενεργητικού και παθητικού. Αυτή η διαφορά της παλιάς ΑΤΕ, η οποία ανακεφαλαιοποιήθηκε από χρήματα εξωτερικού δανεισμού που επιβαρύνουν τον έλληνα φορολογούμενο, πληρώθηκε με μετρητά στην Τράπεζα Πειραιώς. Δηλαδή, η Τράπεζα Πειραιώς "αγόρασε" την ΑΤΕ με 90 εκατ. ευρώ και επωφελήθηκε με 7,5 δισ. ευρώ!!!

Στη συνέχεια τα κόκκινα ιδιωτικά δάνεια πωλούνται σε εταιρίες που αναλαμβάνουν το σύστημα διαχείρισης οφειλετών και οφειλών (Debt Collection Software), προκειμένου να εκκαθαρίσουν τα «κόκκινα χρέη».

Στις αρχές του 2016 λοιπόν, ορίστηκε κατόπιν διαγωνισμού Ειδικός Εκκαθαριστής από την Τράπεζα της Ελλάδας, με σκοπό την «αποτελεσματικότερη διαχείριση της περιουσίας των ειδικών εκκαθαρίσεων και την επίτευξη υψηλότερων επιχειρησιακών στόχων, προς όφελος του δημόσιου συμφέροντος, παράλληλα με τη λειτουργική ενοποίηση των υπό ειδική εκκαθάριση ιδρυμάτων», η εταιρεία PQH Ενιαία Ειδική Εκκαθάριση Α.Ε., της οποίας μέτοχοι είναι οι εταιρείες PwC Business Solutions A.E. , Qualco A.E. και Hoist Kredit Aktiebolag.

Η συγκεκριμένη εταιρία/ κοινοπραξία όμως δεν έχει υπογράψει σχετική σύμβαση ακόμη με την Τράπεζα της Ελλάδας και τις τράπεζες προκειμένου και για την νόμιμη εκπροσώπησή των τραπεζών. Και αυτό προφανώς προσκρούει στη νομιμότητα διαχείρισης των «κόκκινων χρεών», όχι μόνο από ηθικής , αλλά και από νομικής πλευράς και ενδέχεται να σηκώσει θύελλα αντιδράσεων.

Οι τράπεζες όμως συνεχίζουν τις δικαστικές δράσεις, τα εξώδικα, τις διαταγές πληρωμής και τους πλειστηριασμούς χωρίς νόμιμη εκπροσώπηση από τον αγοραστή/ εκκαθαριστή.

Πιο συγκεκριμένα:

Η Αγροτική Τράπεζα της Ελλάδας (ΑΤΕ) τελεί Υπό Εκκαθάριση Χωρίς Νόμιμο Εκκαθαριστή, γεγονός που καθιστά άκυρες και πλαστές όλες τις δικαστικές Ενέργειες και τα Δικόγραφα, Διαταγές Πληρωμής, Κατασχέσεις κλπ. που γίνονται από τον Εκκαθαριστή της ΑΤΕ ΥΕΕ, PQH ΑΕ ή Νίκος Μαράντος.

Σύμφωνα με την **αρ. ΕΠΑΘ 180/3/22.2.2016** της Τράπεζας της Ελλάδος (ΦΕΚ 717/17-3-2016) για τον Κανονισμό Εκκαθάρισης των Τραπεζών και με την αρ. **182/4-4-2016 ΕΠΑΘ**της Τράπεζας της Ελλάδος (ΤτΕ) (ΦΕΚ Β΄ 925/5-4-2016)
επαύθη ο Νικόλαος Μαράντος ως Ειδικός Εκκαθαριστής της ΑΤΕ Υπό Εκκαθάριση (ΑΤΕ ΥΕΕ) και όλες τις αρμοδιότητες τους Ειδικού Εκκαθαριστή της αναλαμβάνει, από της δημοσίευσης του ΦΕΚ αυτού (4-4-2016) η **«PQH Ενιαία Ειδική Εκκαθάριση Α.Ε.», ΑΦΜ 800721689, (άρθρο. 4 της ΕΠΑΘ 182/2016).**

1) **Συμπέρασμα : Από την 05-04-2016 δηλαδή όλες οι Αρμοδιότητες της Εκκαθάρισης μεταφέρονται στην PQH ΑΕ, ενώ αυτές αφαιρούνται από τον προηγούμενο εκκαθαριστή Νικόλαο Μαράντο.**

Μεταξύ όμως της PQH ΑΕ και της Τράπεζας της Ελλάδος και της ΑΤΕ ΥΕΕ έπρεπε να υπογραφεί μια Σύμβαση Ανάθεσης κι Εκτέλεσης Έργου, δηλ. της Εκκαθάρισης από την PQH AE,με συγκεκριμένους συμβατικούς όρους αμοιβής της κλπ. (αρ. 1 παρ.2 ΕΠΑΘ 180/3/22.2.2016), ώστε να αρχίσει να εκτελείται η Εκκαθάριση από την PQH AE. Όμως η Σύμβαση Ανάθεσης κι Εκτέλεσης Έργου της Εκκαθάρισης μεταξύ της PQH AE και της Τράπεζας της Ελλάδος και την ATE YEE δεν έχει υπογραφεί μέχρι σήμερα και γι αυτό η PQH AE δεν έχει αναλάβει ακόμα την εκκαθάριση.

2) **Συμπέρασμα : Η ATE YEE από τις 5ης Απριλίου 2016 μέχρι σήμερα δεν έχει νόμιμο εκκαθαριστή !**

Και η πληγή δεν θα πω των κόκκινων δανείων αλλά των «ΚΟΚΚΙΝΩΝ ΧΡΕΩΝ», διότι χρέη μας πούλησαν κύριες/οι , ΧΡΕΗ ΚΑΙ ΟΧΙ ΔΑΝΕΙΑ, γίνεται ακόμη μεγαλύτερη.

Και όλα αυτά για να εξυπηρετηθούν οι βαθύτεροι στόχοι ξεπουλήματος της χώρας , αλλά και οι εσωτερικοί κερδοσκοπικοί στόχοι (που τους βάφτισαν επιχειρησιακούς στόχους) των εκτελεστηκάριων και οι οποίοι καμία σχέση δεν έχουν με το δημόσιο συμφέρον, αλλά και με την ίδια την εξυπηρέτηση της οικονομίας και της χώρας.

Η ΟΙΚΟΝΟΜΙΑ ΜΙΑ ΧΩΡΑΣ ΔΕΝ ΕΚΠΟΡΕΥΕΤΑΙ ΑΠΟ ΤΙΣ ΤΡΑΠΕΖΕΣ ΑΛΛΑ ΑΠΟ ΤΟΝ ΙΔΙΟ ΤΟ ΛΑΟ ΤΗΣ...

ΑΡΘΡΟ 20°

Η ΑΛΛΗ ΟΨΗ ΤΟΥ ΙΔΙΟΥ ΝΟΜΙΣΜΑΤΟΣ

ΑΠΟΤΕΛΕΣΜΑΤΑ ΑΜΕΡΙΚΑΝΙΚΩΝ ΕΚΛΟΓΩΝ 2016

Και οι πολιτικές πιρουέτες του συστήματος δεν έχουν τελειωμό...

Προετοιμάζοντας την Χίλαρυ Κλίντον να αναλάβει τη προεδρία των ΗΠΑ , τα διεθνή lobbies επιδόθηκαν σε φοβερή κωλοτούμπα όταν δεν τους έβγαιναν τα κουκιά για την εκλογή της.

Έβαλαν πλώρη για την αφομοίωση του έτερου υποψήφιου. Έβγαλαν το σκάνδαλο της Χίλαρυ με τα μαιλς, λίγες μέρες πριν τις εκλογές ξανά στη δημοσιότητα, την δίκασαν την αθώωσαν (να βγάλει και αυτή κάτι από την προεκλογική καμπάνια), συνθηκολόγησαν μαζί της να οπισθοχωρήσει.

Ταυτόχρονα επισημοποιούσαν την κάτω από το τραπέζι συμφωνία τους με τον Ντόναλντ Τραμπ να ακολουθήσει τις ίδιες πολιτικές χάραξης διακυβέρνησης της χώρας, προκειμένου να του χαρίσουν τον προεδρικό θώκο.

Τι έγινε ουσιαστικά;

Έπαιξαν με δύο υποψήφιους για την ίδια θέση. Κορώνα κερδίζουν δηλαδή και γράμματα πάλι κερδίζουν δηλαδή. Γιατί πολύ απλά ο Ντόναλντ Τραμπ είναι η άλλη όψη του ίδιου νομίσματος.

Ποιος βγήκε ο χαμένος ;

Μα φυσικά ο αμερικάνικος λαός, ο οποίος είδε την δυσαρέσκεια του να εκτονώνεται στο πρόσωπο του Τραμπ και πίστεψε ότι έκανε την μεγάλη ανατροπή.

ΚΑΜΙΑ ΑΝΑΤΡΟΠΗ ΔΕΝ ΕΠΙΤΕΛΕΣΘΗΚΕ...

Σε μια χώρα κουρασμένη από πολέμους στο εξωτερικό, προκειμένου να παίξει τον προστάτη άλλων χωρών και να υφαρπάξει την περιουσία τους, από την κρίση και την ανεργία στο εσωτερικό, που έχει πλήξει ειδικά την μεσαία τάξη, καθώς η παραγωγή και μεταποίηση των αμερικάνικων πολυεθνικών έχει μεταφερθεί σε άλλες χώρες με χαμηλό εργατικό κόστος, ο μέσος αμερικάνος πίστεψε ότι θα δηλώσει την αντίστασή του.

Και σαφώς ευθύνονται η παγκοσμιοποίηση, η χωρίς ρύθμιση διεθνοποίηση του εμπορίου, η μεταφορά των βιομηχανιών στον τρίτο κόσμο, η ανεργία και η φτωχοποίηση που επιφέρουν όλα αυτά στον αμερικάνικο λαό.

Τον πρόλαβε όμως το σύστημα το οποίο είχε προβλέψει και για την εναλλακτική πρόταση. Τον φανάτισε στο διπολισμό για να εξουδετερώσει άλλες δημοκρατικές δυνάμεις να μπουν στο παιχνίδι και τέλος του μοίρασε το αποτέλεσμα λες και ήταν δική του απόφαση.

Την επόμενη μέρα προκάλεσε εξεγέρσεις για να δηλώσει την απόλυτη δύναμη του και να θυμίσει στο ατίθασο παιδί του, τον Τραμπ, που είχε επιδοθεί σε ένα παιχνίδι επικίνδυνων συμμαχιών με πολιτικές δυνάμεις στην Ευρώπη και τον υπόλοιπο κόσμο, ότι στηρίζεται στις εσωτερικές ισορροπίες που αυτό θα του εξασφαλίσει. Δηλαδή ότι μπορεί ανά πάσα στιγμή να ανατραπεί, αν ξεχάσει ποιος είναι ο πραγματικός αρχηγός...

Έτσι το σύστημα διακυβέρνησης της Αμερικής –εκτελεστική, νομοθετική και δικαστική εξουσία- θα συνεχίσει να βρίσκεται ευθυγραμμισμένο στην ίδια πορεία και θα αποφευχθεί η εφαρμογή ακραίων πολιτικών.

Αποτέλεσμα θα είναι, πολλές υποσχέσεις από τη προεκλογική ρητορεία του Τραμπ να ξεχαστούν στο συρτάρι.

Ο επιτυχημένος επιχειρηματίας λοιπόν, ο τολμηρός, ο «τσαμπουκάς», που δίνει σάρκα και οστά σ' αυτό το καπιταλιστικό παραμύθι του αμερικάνικου ονείρου, αποδείχθηκε ότι ήταν ιδανικότερος υποψήφιος στα μάτια ενός κόσμου θυμωμένου και το σύστημα πολύ απλά αντικατέστησε την μεν με τον δε , τραβώντας την από τον εκλογικό αγώνα την κατάλληλη στιγμή. Και δεν είναι τυχαίο ότι το παιχνίδι παίχτηκε σε επίπεδο εκλεκτόρων , για να θυμίζει ανά πάσα στιγμή στον Τραμπ τα όρια του...

(Ο πρόεδρος των ΗΠΑ εκλέγεται έμμεσα από τον λαό μέσω των εκλεκτόρων: συνολικά είναι 538 και κατανέμονται στις αμερικανικές πολιτείες ανάλογα με τις έδρες στη Βουλή των Αντιπροσώπων, αλλά και βάσει της απογραφής του 2010.)

Πολιτικοί στόχοι λοιπόν του τύπου, ότι θα τερματίσει τη διαπραγμάτευση για τη σύναψη της εμπορικής συμφωνίας, της γνωστής TTIP, που επιτρέπει την πλήρη απορρύθμιση της αγοράς προκειμένου για την μεγαλύτερη κερδοφορία των πολυεθνικών, τον επαναπροσδιορισμό του ρόλου του ΝΑΤΟ κτλ, δεν θα έχουν καμία τύχη.

Είναι παρήγορο και ανακουφιστικό βέβαια, από την μια πλευρά να βλέπει κανείς τους λαούς να εξεγείρονται , παρά την εξαπάτησή τους από το σύστημα, γιατί σε κάνει να πιστεύεις ότι κάπου θα οδηγήσει, καθώς αποδεικνύεται μεταδοτικό και βάζει τις βάσεις για ιδεολογικό επαναπροσδιορισμό με βάση τις αξίες που υπηρετούν τον άνθρωπο συνολικά στον κόσμο.

Είναι όμως και πολύ απογοητευτικό να διαπιστώνεις πόσες εφεδρείες διαθέτει το σύστημα ή αποκτά στην πορεία , όπως ακριβώς συνέβηκε και στην Ελλάδα μετά το ΟΧΙ...

ΑΡΘΡΟ 21⁰

ΣΤΟ ΒΩΜΟ ΤΗΣ ΔΙΑΠΛΟΚΗΣ - ΠΟΣΕΣ ΖΩΕΣ ΠΡΕΠΕΙ ΑΚΟΜΗ ΝΑ ΘΥΣΙΑΣΟΥΜΕ ΣΤΟ ΒΩΜΟ ΤΗΣ ΝΤΟΠΙΑΣ ΚΑΙ ΞΕΝΗΣ ΔΙΑΠΛΟΚΗΣ;

Τα ηλεκτρονικά ΜΜΕ είναι δημόσια υπηρεσία, η οποία παραχωρείται, ύστερα από διαγωνισμό, με σύμβαση σε ιδιώτες. Οι δε συχνότητες είναι δημόσιο αγαθό, το οποίο παραχωρείται έναντι τιμήματος που οι ιδιώτες πληρώνουν για τη χρησιμοποίησή τους. Αποκλείονται από την παραχώρηση ηλεκτρονικών ΜΜΕ οι ιδιώτες που είναι εργολάβοι ή προμηθευτές του δημοσίου, καθώς και οι στενοί συγγενείς τους.

Αυτή είναι η βάση του νόμου περί βασικού μετόχου, που ποτέ δεν υλοποιήθηκε με τις ευλογίες και τις προτροπές διαπλεκόμενων εντός και εκτός θεσμικού πλαισίου της Ευρωπαϊκής Ένωσης, καθώς τα συμφέροντα λειτουργούν πάνω από τους ευρωπαικούς θεσμούς.

Αντί λοιπόν οι εκάστοτε κυβερνήσεις να υλοποιήσουν το νόμο και να δρέψουν οικονομικούς καρπούς προς όφελος του κράτους και του Έλληνα φορολογούμενου, απέφυγαν να συγκρουστούν με τα συμφέροντα και άφησαν να κυριαρχεί το κύκλωμα της παρατηλεόρασης με τις προσωρινές άδειες, ακόμη και στις εποχές της βαθύτατης κρίσης.

Αποκορύφωμα ένας καινούργιος νόμος με περιορισμένους αριθμούς αδειών , που κρίθηκε αντισυνταγματικός.

Και αφού αναλωθήκαμε σε έναν μαραθώνιο μηνών σχετικά με τις άδειες των καναλιών και λύση δεν βρέθηκε, τότε προχωρήσαμε παρακάτω στην ουσία δηλαδή, στο τέταρτο μνημόνιο που μας ετοιμάζει η Ευρωπαική Ένωση, με κυρίαρχο θέμα τα εργασιακά.

Γιατί αυτό απασχολεί αγαπητοί μου την Ευρωπαική Ένωση : να επιτευχθούν οι μαζικές απολύσεις, η κατάργηση των εργασιακών δικαιωμάτων, το κλείσιμο των εταιρειών.

Και αυτό θα έπρεπε να απασχολεί και εμάς, που καταντήσαμε να μας πετάνε ένα ξεροκόμματο και να νομίζουμε ότι ζούμε, ή να φοβόμαστε να ζήσουμε...

Η αντίδραση του λαού, σαφώς προβλεπόμενη από τους αγαπημένους μας εταίρους, έπρεπε να καμφθεί, έτσι ώστε να συνεχιστεί το έργο της καταστροφής.

Ανοίγουμε ξανά λοιπόν θέματα όπως :

1) την αμφισβητούμενη από την Τουρκία Συνθήκη της Λωζάνης, προκειμένου για τον έλεγχο του Αιγαίου,

2) της «Μεγάλης» Αλβανίας Ευρωπαικής Αλβανίας, προκειμένου για τον έλεγχο του Ιονίου,

3) τους πρόσφυγες που σπάνε λεηλατούν, προκειμένου να δημιουργηθούν και ενδοχώριες συρράξεις.

ΦΟΒΟΣ ΠΑΝΤΟΥ ΦΟΒΟΣ – ΠΑΝΤΟΥ ΑΝΑΓΚΗ ΓΙΑ ΠΡΟΣΤΑΣΙΑ

-Πόσους προστάτες μπορεί να αντέξει αυτή η χώρα πια;

-Πόσες γεωπολιτικές συνθήκες θα έπρεπε να λειτουργούν αυτοδίκαια;

-Ποιες περιοχές και νησιά έχουν υποσχεθεί κάτω από το τραπέζι;

-Ποιος θα είναι ο βασικός μέτοχος στα πετρέλαια μας, στο φυσικό αέριο, στον ορυκτό μας πλούτο;

-Σε ποιο δρόμο βρίσκεται η Ευρωπαική οικονομική ενίσχυση για τους πρόσφυγες;

-Πόση διαφθορά και overdose παραπληροφόρησης και στυγνής πολιτικής προπαγάνδας μπορεί να συγκαλύψει την τραγικότητα την οποία βιώνει το μέσο Ελληνικό νοικοκυριό σήμερα;

-Πόσες επιτέλους και ποιες πολυεθνικές θέλουν να μας επιβάλλουν, ας το πούνε να τελειώνουμε;

-Πόσους ακόμη εργαζόμενους να απολύσουμε; Πόσες συντάξεις, μισθούς και ασφαλιστικά δικαιώματα να περικόψουμε; Πόσες επιχειρήσεις ακόμη να κλείσουνε;

ΠΟΣΕΣ ΖΩΕΣ ΠΡΕΠΕΙ ΑΚΟΜΗ ΝΑ ΘΥΣΙΑΣΟΥΜΕ ΣΤΟ ΒΩΜΟ ΤΗΣ ΝΤΟΠΙΑΣ ΚΑΙ ΞΕΝΗΣ ΔΙΑΠΛΟΚΗΣ;

ΑΣ ΤΟ ΠΟΥΝΕ – ΝΑ ΤΕΛΕΙΩΝΟΥΜΕ…

ΑΡΘΡΟ 22°

ΚΡΙΣΙΜΟ ΔΗΜΟΨΗΦΙΣΜΑ ΣΤΗΝ ΙΤΑΛΙΑ – ΕΝΩΠΙΟΝ ΚΡΙΣΙΜΟΥ ΔΗΜΟΨΗΦΙΣΜΑΤΟΣ Η ΙΤΑΛΙΑ - 4/12/2016

Θα στηριχτούν οι κυβερνητικές προτάσεις Ρέντσι για συνταγματικές αλλαγές ή ΟΧΙ;

Τι κρύβεται πίσω από τις προτάσεις αυτές; Ποιο είναι το πραγματικό δημοψήφισμα;

Τι συνέπειες θα έχει για την Ευρωπαϊκή Ένωση και την Ευρωζώνη;

Κρίσιμα ερωτήματα που πρέπει να απαντηθούν, καθώς θα καθορίσουν την εξέλιξη του παιχνιδιού σε μια Ευρώπη που έχει αρχίσει να αποσυντίθεται.

Υποτιθέμενος στόχος της Ιταλικής συνταγματικής μεταρρύθμισης είναι να διευκολυνθεί η διακυβέρνηση της χώρας. Με τις καινούργιες προτάσεις καταργείται η γερουσία και έτσι τα νομοσχέδια δεν θα χρειάζεται να εγκρίνονται και από τα δύο σώματα τη Βουλή και τη Γερουσία.

Και μπορεί η ισχύουσα νομοθεσία να επιφέρει καθυστερήσεις στην υλοποίηση των νομοσχεδίων, πλην όμως διασφαλίζει τη Δημοκρατία από ανεξέλεγκτη χρήση της εξουσίας του κοινοβουλίου.

Είναι επίσης άξιο ανάλυσης, το γιατί αυτές οι αλλαγές προωθούνται σε τόσο κρίσιμες για την Ευρώπη και τους λαούς της εποχές. Σε εποχές που η λαϊκή αμφισβήτηση στους Ευρωπαϊκούς θεσμούς περισσεύει και θέτει σε κίνδυνο ολόκληρο το Ευρωπαϊκό οικοδόμημα. Σε εποχές που ο σκληρός νεοφιλελευθερισμός έχει διεισδύσει στο κουκούλι των κυβερνητικών επιλογών μιας χώρας και προσπαθεί να χειραγωγήσει το λαό της.

Είναι σίγουρο πως τα μηνύματα που κρύβονται πίσω από αυτή την ριζική αλλαγή στα πολιτικά πράγματα της χώρας δεν είναι καλά. Είναι σίγουρο πως τα μηνύματα που κρύβονται αφορούν σε εργασιακές και άλλες μεταρρυθμίσεις, που με την βία προσπαθούν να επιβληθούν και σε άλλες χώρες (βλέπε Γαλλία με την κυριολεκτική τρομοκρατία, βλέπε Ελλάδα με την οικονομική τρομοκρατία κτλ). Είναι σίγουρο πως με την υπερεξουσία που θα αποκτήσει το κοινοβούλιο θα μπορεί να περάσει αυτές τις μεταρρυθμίσεις που απαιτεί η Ευρωπαϊκή Ένωση χωρίς να ανοίξει μύτη.

Επιχειρείται μια κοσμογονική αλλαγή στην έννοια της Δημοκρατίας επί της ουσίας, που αφορά την εικονική Δημοκρατία και όχι όσες ελευθερίες αυτή εγγυάται στους λαούς και τα κράτη τους.

Οι αλλαγές αυτές σε μια παραδοσιακή δημοκρατία όπως την Ιταλική δεν μπορούν να βρουν έδαφος, για αυτό και ο Ματέο Ρέντσι δεν παίρνει την ευθύνη να υλοποιήσει την νομοθετική μεταρρύθμιση μόνο με την στήριξη του κοινοβουλίου, καθώς έχουν ψηφιστεί ήδη από το Ιταλικό κοινοβούλιο, και τις κατεβάζει στο λαό.

64

Αν οι Ιταλοί απαντήσουν αρνητικά θέλοντας να στείλουν ένα ηχηρό μήνυμα στην Ευρωπαική Ένωση, τότε αυτό το δημοψήφισμα θα έχει ισότιμη αξία με το BREXIT και θα οδηγήσει την Ιταλία όχι μόνο εκτός ευρώ .

Η κυβέρνηση Ρέντσι θα παραιτηθεί και η χώρα θα οδηγηθεί σε βουλευτικές εκλογές με πιθανή επικράτηση του ευρωσκεπτικιστή ηγέτη του Κινήματος των 5 Αστέρων Πέπε Γκρίλο, που καταγγέλει την πολιτική της Ευρωπαικής Ένωσης και ευαγγελίζεται την έξοδο από το ευρώ.

Και εδώ παρατηρείται, ότι ανάλογα με την πολιτική κουλτούρα της κάθε χώρας το αντίπαλο δέος απέναντι στο κανιβαλιστικό ευρώ αναδεικνύεται είτε μέσα από εθνικιστικά κόμματα , είτε μέσα από ευρωσκεπτικιστικά.

Μια πιθανή επικράτηση του ΟΧΙ θα απαλλάξει τον Ιταλό πρωθυπουργό από την επιβολή επίπονων εργασιακών μέτρων στον Ιταλικό λαό, που θα παραιτηθεί αλλά χωρίς να στιγματισθεί απέναντι στο λαό του.

Μια πιθανή επικράτηση του ΝΑΙ θα απαλλάξει το Ιταλό πρωθυπουργό από την ευθύνη της επιβολής μέτρων , καθώς ο ίδιος ο λαός θα έχει δώσει μέσω του δημοψηφίσματος την έγκριση του.

Και στις δύο περιπτώσεις δεν θα γίνει δυσάρεστος σε κανέναν. Η απόλυτη ισορροπιστική προσέγγιση σε μια εποχή που χρειάζεται τολμηρούς και γεμάτους ευθύνη ηγέτες...

Ο Ματέο Ρέντσι αναβιώνει ιστορικά το ρόλο του Πόντιου Πιλάτου ανάμεσα στην Ευρωπαική Ένωση και το λαό του. Με τις ευλογίες του ίδιου του λαού στην περίπτωση του ΝΑΙ θα προχωρήσει στη σφαγή του.

Όπως καταγράφεται στην Deutsche Welle, η ιταλική οικονομία αντιμετωπίζει σοβαρά προβλήματα χαμηλής παραγωγικότητας και διαφθοράς. Το δημόσιο χρέος της χώρας έχει ανέλθει στο ποσοστό του 133% επί του ΑΕΠ και αποτελεί το δεύτερο μεγαλύτερο χρέος μετά το Ελληνικό. Την ίδια στιγμή τα κόκκινα δάνεια φθάνουν τα 300 δις ευρώ.

Καταχρεωμένη οικονομία, καταχρεωμένα νοικοκυριά στις τράπεζες, κατεστραμμένη παραγωγική και μεταποιητική τάξη – προβλήματα που αντιμετωπίζουν οι περισσότερες χώρες του Ευρωπαικού νότου. Καθώς η ίδια συνταγή σερβιρίστηκε παντού, και η ίδια λύση προωθείται ως αναγκαία χωρίς εναλλακτική. Η επιβολή δηλαδή μέτρων που θα μετατρέψουν την ευρωπαική εργασιακή αγορά σε εργασιακό μεσαίωνα. Γιατί αυτή είναι η ταμπακιέρα, προκειμένου για τον έλεγχο και την επικράτηση της κάστας του διεθνούς κεφαλαίου.

ΓΙΑΤΙ ΕΤΣΙ ΥΠΟΤΑΣΣΟΝΤΑΙ ΣΗΜΕΡΑ ΤΑ ΚΡΑΤΗ.

ΓΙΑΤΙ ΕΤΣΙ ΕΦΑΡΜΟΖΕΤΑΙ ΣΗΜΕΡΑ Η ΕΠΕΚΤΑΤΙΚΗ ΠΟΛΙΤΙΚΗ ΣΕ ΑΥΤΕΣ ΤΙΣ ΚΟΥΛΤΟΥΡΕΣ ΚΑΙ ΟΧΙ ΜΕ ΑΥΘΕΝΤΙΚΟ ΠΟΛΕΜΟ...

Στην περίπτωση της Ιταλίας όμως που αποτελεί την τρίτη μεγαλύτερη σε επιρροή οικονομία στην Ευρωζώνη τα «πακέτα στήριξης» δεν μπορούν να αφιονίσουν το λαό της, καθώς δεν επαρκούν ούτε για προσωρινή αποκατάσταση της οικονομίας, όπως επιχειρείται στην Ελλάδα , την Ιρλανδία και την Πορτογαλία.

Σύμφωνα με τις μέχρι τώρα δημοσκοπήσεις το ΟΧΙ διατηρεί ελαφρύ προβάδισμα, με ποσοστό 52%.

Άραγε ο λαός έχει συνειδητοποιήσει την καμουφλαρισμένη πολιτική πατέντα που κρύβεται πίσω από το ΝΑΙ;

Άραγε θα καταφέρει να ξεφύγει αναίμακτα όπως ξέφυγε η Βρετανία με το ΟΧΙ;

Ή θα βρεθεί υπό τον κλοιό των χρηματιστηρίων και των αγορών που βρίσκονται σε κλοιό από …την Δημοκρατία…

ΚΑΠΟΙΑ ΣΤΙΓΜΗ ΠΡΕΠΕΙ ΕΠΙΤΕΛΟΥΣ ΝΑ ΔΙΑΛΕΞΟΥΜΕ ΑΝΑΜΕΣΑ ΣΤΙΣ ΑΓΟΡΕΣ ΚΑΙ ΤΗ ΔΗΜΟΚΡΑΤΙΑ…

ΑΡΘΡΟ 23ᵒ

ΚΑΛΠΕΣ... ΜΕ ΑΡΩΜΑ ΔΗΜΟΨΗΦΙΣΜΑΤΟΣ ΚΑΙ ΣΤΗΝ ΑΥΣΤΡΙΑ – ΚΑΛΠΕΣ...ΜΕ ΤΡΙΓΜΟΥΣ ΚΑΙ ΣΤΗΝ ΑΥΣΤΡΙΑ

Βιέννη. Και 4 Δεκεμβρίου , αυτή την Κυριακή δηλαδή, έχουμε εκλογές για την προεδρία της Αυστρίας. Είναι η τρίτη φορά που καλούνται οι Αυστριακοί ψηφοφόροι μέσα σε οκτώ μήνες να εκλέξουν νέο ομοσπονδιακό πρόεδρο για τη χώρας τους.

Οι πιθανότητες να εκλεγεί ο υποψήφιος της ακροδεξιάς Νόρμπερτ Χόφερ στο ύπατο αξίωμα της Αυστρίας είναι πολύ μεγάλες.

Και αυτό, γιατί προτίθεται να ζητήσει τη διεξαγωγή δημοψηφίσματος για την έξοδο της Αυστρίας από την Ευρωπαική Ένωση, ή αλλιώς «Oexit».

Και μπορεί οι αρμοδιότητες του προέδρου στη χώρα να είναι περιορισμένες, ωστόσο, έχει τη δυνατότητα να προκηρύξει δημοψήφισμα, καθώς και να διαλύσει τη Βουλή και να προκηρύξει εκλογές.

Στον 2ο γύρο των αυστριακών προεδρικών εκλογών ο Χόφερ ηττήθηκε οριακά με ποσοστό 49,7%, έναντι 50,3% του νικητή από τους Οικολόγους Αλεξάντερ Βαν ντερ Μπέλεν, λόγω της επιστολικής ψήφου. Κατόπιν τούτου προσέφυγε στο Συνταγματικό Δικαστήριο της χώρας όπου και δικαιώθηκε για αυτό και την ερχόμενη Κυριακή θα διεξαχθούν πάλι οι προεδρικές εκλογές.

Όλες οι δημοσκοπήσεις των τελευταίων μηνών δείχνουν πως το αποτέλεσμα θα είναι πάλι οριακό, καθώς καταγράφεται ελάχιστη διαφορά μεταξύ των δύο υποψηφίων, του 72χρονου υποστηριζόμενου από τους Πράσινους Αλεξάντερ Βαν ντερ Μπέλεν και του 45χρονου υποψήφιου του ακροδεξιού εθνικιστικού Κόμματος των Ελευθέρων, έως τώρα δεύτερου αντιπροέδρου της αυστριακής Βουλής, Νόρμπερτ Χόφερ.

Το κόμμα των Ελεύθερων όμως ισχυρίζεται, πως αν υπάρξουν πάλι δείγματα νοθείας, θα καταφύγουν σε καινούργια προσφυγή στο Συνταγματικό Δικαστήριο.

Σύμφωνα με τις δημοσκοπήσεις ένα ποσοστό της τάξης του 1% των ψηφοφόρων έχει μετακινηθεί προς τον ένα ή τον άλλο υποψήφιο, από την διεξαγωγή των δεύτερων προεδρικών εκλογών μέχρι σήμερα.

Ενδέχεται τη διαφορά να την κάνουν οι επιστολικές ψήφοι, οι οποίες ανήλθαν σε 760.000 στις 22 Μαίου και αντιπροσώπευαν το 16,4% του συνόλου των καταμετρημένων ψήφων και ήταν κατά 40% περισσότερες από εκείνες στις τελευταίες αυστριακές βουλευτικές εκλογές τον Σεπτέμβριο του 2013.

Η άνοδος του κόμματος των Ελευθέρων οφείλεται καθαρά στην απορριπτική στάση που κρατά, απέναντι στην συντηρητική πολιτική λιτότητας της Ευρωπαικής

Ένωσης, καθώς και στην συγκεντρωτική πολιτική που θέλει τα εθνικά Κοινοβούλια να μην έχουν δύναμη στα εθνικά ζητήματα της χώρας τους.

Αυτή η στάση βρήκε έδαφος στον εκλογικό σώμα της Αυστρίας, που ήδη αμφισβητούσε το θεσμό της Ευρωπαϊκής Ένωσης.

Μετά την ένταξη της Αυστρίας στην Ευρωπαϊκή Ένωση ως πλήρες μέλος την 1η Ιανουαρίου 1995, υπήρξαν διακυμάνσεις στη στάση του πληθυσμού απέναντι στη συμμετοχή της χώρας στην Ευρωπαική Ένωση.

Σε σχετική δημοσκόπηση πριν το Βρετανικό Δημοψήφισμα, 45% των Αυστριακών εμφανίζονταν να πιστεύουν, πως για τη χώρα τους τα πράγματα θα ήταν καλύτερα χωρίς την ΕΕ. Το ποσοστό αυτό ανέρχεται μεταξύ των ψηφοφόρων του Κόμματος των Ελευθέρων έως και στο 80%.

Το τόλμημα του Brexit έχει επηρεάσει ακόμη περισσότερο όμως το μέσο Αυστριακό ψηφοφόρο, που βλέπει ότι το Brexit αποτελεί σημερινή πραγματικότητα. Για αυτό και το κόμμα των Ελεύθερων παρότι ακροδεξιό κόμμα ανταγωνίζεται στα ίσα για την προεδρία της χώρας, με σημαία του το δημοψήφισμα στην Αυστρία.

Οι αποτυχημένες πολιτικές της Ευρωπαική Ένωσης απέναντι στους πολίτες των χωρών μελών που την αποτελούν, έχουν δημιουργήσει αυτό ακριβώς το φαινόμενο. Ακροδεξιά κόμματα να διεκδικούν επάξια την κυβέρνηση ή την προεδρία χωρών ευαγγελιζόμενοι τα δικαιώματα των πολιτών τους –εθνικά, πολιτικά, κοινωνικά, οικονομικά - αυτά που έπρεπε να προστατεύουν δηλαδή τα σοσιαλιστικά και άλλα υποτίθεται προοδευτικά κόμματα.

Η πολιτική κλίμακα έχει αλλάξει άρδην. Καταντήσαμε, οι «προοδευτικοί» να εφαρμόζουν την πιο σκληρή μορφή του καπιταλισμού, το φιλελευθερισμό και νεοφιλελευθερισμό καθώς αποτελούν την εξέλιξη του, αψηφώντας τα κοινωνικά και πολιτικά δικαιώματα που ήρθαν όμως να στηρίξουν οι πιο περιθωριακοί εθνικιστικοί κομματικοί μηχανισμοί και να αποτελέσουν τελικά σημαντική πολιτική δύναμη όχι μόνο μέσα στα κράτη τους αλλά και συνολικά στην Ευρωπαική Ένωση.

Δεν υπάρχει μεγαλύτερη αλλοτρίωση στο πολιτικό στερέωμα από αυτή, καθώς καταδεικνύεται ότι ΕΧΕΙ ΕΚΠΕΣΕΙ ΣΥΝΟΛΙΚΑ ΤΟ ΙΔΕΟΛΟΓΙΚΟ ΜΑΣ ΣΥΣΤΗΜΑ...

Όταν η Ευρώπη συνειδητοποιήσει ότι το BREXIT δεν αποτελεί λάθος του Βρετανικού λαού αλλά λάθος δικό της, τότε και μόνο τότε θα μπορέσει να αποφύγει το ντόμινο των εξελίξεων – αν προλάβει και δεν είναι πλέον προ των θυρών της διάλυσης της...

ΑΡΘΡΟ 24⁰

ΤΕΛΟΣ ΕΠΟΧΗΣ- ΦΙΝΤΕΛ ΚΑΣΤΡΟ 13/8/1926 -25/11/2016

Ο **Φιδέλ Αλεχάντρο Κάστρο Ρους**, κατά κόσμον Φιντέλ Κάστρο, υπήρξε ηγέτης της Κούβας από το 1959 μέχρι το Δεκέμβριο του 1976 και αργότερα πρόεδρος της χώρας μέχρι τις 19 Φεβρουαρίου του 2008, όταν τον διαδέχτηκε ο Ραούλ Κάστρο.

Ο Φιντέλ Κάστρο είναι ένας ιστορικός ηγέτης που έκανε πράξη τον πολιτικό και οικονομικό σοσιαλισμό, απεξαρτημένο όμως από το κουμμουνιστικό μανιφέστο. Για αυτό και άντεξε μετά την κατάρρευση της Σοβιετικής Ένωσης.

Μια προσωπικότητα που προήλθε από το λαό και γαλουχήθηκε στον συνεχή πολιτικό αγώνα, δημιούργησε ένα διαφορετικό είδος επανάστασης που ακουμπούσε στην ανατροπή της ισχύουσας πολιτικής κουλτούρας, που ήθελε όλο τον κόσμο υποταγμένο στον καπιταλισμό.

Δρώντας κάτω από την μύτη των ΗΠΑ, που είχαν συνηθίσει να ελέγχουν το παιχνίδι στην Λατινική Αμερική με διορισμένες κυβερνήσεις, κατάφερε να κάνει τη διαφορά όχι μόνο ως προς την έκβαση της επανάστασης , αλλά και ως προς την ανάπτυξη της κουβανικής οικονομίας και τις κοινωνικές μεταρρυθμίσεις που αυτή υπηρέτησε.

Όταν ο Κάστρο επένδυε στην υγεία, στην παιδεία, στην έρευνα και την τεχνολογία , την παραγωγή, η Λατινική Αμερική μαστίζονταν από την πείνα, τους εμφυλίους και   τις   δικτατορίες.

Χωρίς ιδιαίτερους πόρους , μετέτρεψε την παραγωγή και εμπορία ζάχαρης σε ισότιμη οικονομική μονάδα με το πετρέλαιο, με αποτέλεσμα την πολιτική επανάσταση να διαδεχθεί η οικονομική επανάσταση. Έβαλε σε απόσταση τους προστάτες , για αυτό και η Σοβιετική Ένωση παρά τη στενή επαφή που είχε αναπτύξει με την Κούβα δεν κατάφερε ποτέ να της επιβληθεί πολιτικά, αλλά ούτε και οι ΗΠΑ με το εμπάργκο που της είχαν επιβάλλει.

Κανένα εμπάργκο δεν είναι ικανό να διαλύσει μια οικονομία που στηρίζεται αφενός μεν σε ισχυρή ιδεολογικοπολιτική βάση και αφετέρου σε χρήση τεχνοκρατικής αντίληψης σε σχέση με την αναδιοργάνωση της παραγωγής και της οικονομίας.

Έτσι η χώρα όχι μόνο στάθηκε στα πόδια της μετά από ένα τριτοκοσμικό παρελθόν, αλλά απέκτησε και ισχυρή οικονομία χωρίς να χρειαστεί να δανειστεί και το κυριότερο χωρίς να χάσει την ανεξαρτησία της.

Είναι ένα στοίχημα που πολλές χώρες παλεύουν να κερδίσουν ακόμη και σήμερα και δεν το καταφέρνουν. Αυτό έκανε πράξη ο Κάστρο εδώ και 60 ολόκληρα χρόνια.

Άρα όταν μιλάμε για τον Φιντέλ Κάστρο, μιλάμε για ένα φαινόμενο προς εξέταση, ένα case-study στην ιστορία της πολιτικής πραγματικότητας, που πρέπει να μελετηθεί, προκειμένου να εφαρμόζονται οι θετικές του επιρροές στην παγκόσμια πολιτικοοικονομική και κοινωνική μεταρρύθμιση των κρατών που αγωνίζονται να επιβιώσουν.

Μιλάμε για τον πρώτο κομμουνιστή, που έβαλε τη διάσταση της εθνικής κυριαρχίας και οικονομίας σε πρώτη προτεραιότητα, από τα διεθνιστικά πρότυπα του κομμουνισμού. Κάτι που έχει αποδειχθεί ως υπέρτατη ανάγκη και στους καιρούς μας, εδώ που τα ακροδεξιά κόμματα καλύπτουν τα μεγάλα κενά που αφήνει ο σοσιαλισμός και ο κομμουνισμός.

Η Κούβα άντεξε την **παγκοσμιοποίηση** γιατί συμμετείχε σε αυτή με ένα διαφορετικό πολιτικό όχημα, που λέγεται οχυρωμένη πολιτικά και οικονομικά χώρα.

Ο Κάστρο επέλεξε να μην απομονώσει την Κούβα η οποία συμμετέχει στους παναμερικανικούς οργανισμούς, και να μην χρωστάει σε κανένα ΔΝΤ, Παγκόσμια Τράπεζα κτλ και έτσι σήμερα έχει φθάσει σε τέτοια επίπεδα ισχύος που να προκαλεί τις ΗΠΑ για αποκατάσταση σχέσεων και να το κατορθώνει.

Σήμερα ο αναλφαβητισμός στην Κούβα είναι μηδέν, ανασφάλιστοι δεν υπάρχουν και εξάγει τους περισσότερους γιατρούς σε όλο τον κόσμο.

Παρά το κυνήγι των αντικαθεστωτικών, και διάφορων μειονοτήτων, λάθη κορυφαία, που όμως διορθώθηκαν στην πορεία, παρά την μη διεξαγωγή εκλογών που επιφυλάσσεται κανείς για την διαφύλαξη της δημοκρατικότητας διακυβέρνησης, η ευθύνη για την ευημερία και ανάπτυξη του κουβανικού λαού διατηρείται ψηλά. Κι αν αυτή η ευθύνη δεν δημιουργεί δημοκρατία, κανένας τυπικός θεσμός της όπως οι εκλογές δεν μπορεί να την επιβάλλει, ειδικά όταν ο δάχτυλος του εξωγενή παράγοντα ψάχνει να βρει ανοιχτά πολιτικά σύνορα για να διεισδύσει.

Ο Φιντέλ Κάστρο δεν μπορεί να αξιολογηθεί στα τηλεοπτικά ή διαδικτυακά καφενεία, ούτε με οπαδικούς όρους. Πολύ απλά γιατί δεν ανήκει σε κανέναν , ούτε στους φίλους ούτε στους εχθρούς του.

Ανήκει στην Ιστορία που τον γέννησε, γιατί έμεινε πιστός στις αρχές του και σε αυτό που πίστευε, γιατί δεν δημιούργησε μόνο μια επανάσταση, αλλά την μετουσίωσε σε ωφέλιμη αξία για τον λαό του...

ΑΡΘΡΟ 25°

ΓΙΑΤΙ ΑΠΕΤΥΧΕ Η ΚΥΒΕΡΝΗΣΗ ΟΛΑΝΤ- Η ΟΙΚΤΡΗ ΑΠΟΤΥΧΙΑ ΤΗΣ ΚΥΒΕΡΝΗΣΗΣ ΟΛΑΝΤ

Και πλησιάζουν οι προεδρικές εκλογές και στην Γαλλία.
Η επικράτηση του Φρανσουά Φιγιόν , ενός ακραίου φιλελεύθερου, στις 27 Νοεμβρίου στις εκλογές της κεντροδεξιάς στη Γαλλία θα αποτελέσει το αντίπαλο δέος για την ηγέτιδα της ακροδεξιάς Μαρίν Λεπέν στις προεδρικές εκλογές του 2017.

Στη συντριπτική πλειοψηφία των εκλογικών τμημάτων, ο Φιγιόν, που ήταν το φαβορί αυτής της εκλογικής διαδικασίας, εξασφάλισε περίπου το 66,5% των ψήφων έναντι του αντιπάλου του Αλέν Ζιπέ.

Η οικτρή αποτυχία της «σοσιαλιστικής» κυβέρνησης Ολάντ με τα σκληρά νεοφιλελεύθερα μέτρα που εφάρμοσε και αυτό αποτελεί άλλο ένα χαρακτηριστικό παράδειγμα, ότι στις εποχές μας ο νεοφιλελευθερισμός διαδέχτηκε τον φιλελευθερισμό , προκειμένου να υλοποιείται από σοσιαλιστικές ή αριστερές κυβερνήσεις, όπως πολλές φορές έχω αναφέρει σε βιβλία και άρθρα μου, κατάφερε να φέρει τη Μαρί Λεπέν στο πολιτικό προσκήνιο ως ηγέτιδα δύναμη για την προεδρία της Γαλλίας.

Κι όμως, όταν ανέλαβε την εξουσία είχε δεσμευτεί πως θα εργαζόταν, ώστε αυτή η μεταρρυθμιστική Αριστερά να πραγματοποιήσει τις αλλαγές που ήταν απαραίτητες για να ορθοποδήσει όχι μόνο η οικονομία αλλά και η κοινωνία. Αυτό θα του εξασφάλιζε τουλάχιστον δυο ολοκληρωμένες αξιοπρεπείς θητείες στο θώκο του προέδρου της Γαλλίας.

Αντί αυτού όμως, άφησε τη χώρα ανοχύρωτη από παντού. Επέτρεψε τα τρομοκρατικά χτυπήματα που στόχο είχαν να κάμψουν την αντίσταση του γαλλικού λαού απέναντι στα αυστηρά εργασιακά μέτρα λιτότητας που τον ανάγκαζε η Ευρωπαική Ένωση να νομοθετήσει.

Έφθασε στο έσχατο σημείο πολιτικής δικτατορίας, λόγω την σθεναρής αντίδρασης του γαλλικού λαού, να περάσει την εργασιακή μεταρρύθμιση με προεδρικό διάταγμα, παρακάμπτοντας τη Βουλή!!!!!!!!!!!!!!!!!!!!!!!!!!!!!!!!!!!!!

Δεν υπάρχει παρόμοιο παράδειγμα έργου σοσιαλιστικής κυβέρνησης στην ιστορία …

Η πενταετής διακυβέρνηση της χώρας από τον Φρανσουά Ολάντ θα καταγραφεί ιστορικά ως μια άνευ προηγουμένου πολιτική διαστροφή, καθώς εξαπάτησε το λαό του με τον χειρότερο τρόπο, γινόμενος ο σοσιαλιστής δήμιος που αποκεφάλισε τη δημοκρατία…

Γνωρίζοντας πολύ καλά την καταστροφή που δημιούργησε και θέλοντας να σώσει το τομάρι του ακόμη και από τις ευθύνες των λαθών του, δεν επιδιώκει καν να θέσει υποψηφιότητα. Αυτό καταδεικνύει όλους τους λόγους για τους οποίους ήρθε στην εξουσία και που δεν υπηρέτησαν τίποτε άλλο παρά μόνο την προσωπική του ανέλιξη.

Έμμεση παραίτηση λοιπόν όπως και του Ρέντσι στην Ιταλία, όπου διψά ο λαός για τολμηρούς ηγέτες που θα αλλάξουν την ιστορία.

Δυστυχώς στους καιρούς μας ο σοσιαλισμός και η αριστερά αποτέλεσαν θερμοκήπια της καινούργιας γενιάς πολιτικής εντροπίας , αφήνοντας τα περιθώρια στην ακροδεξιά να υπερασπίζεται το λαό.

Ιδεολογική στάση δεν αποτελεί η θεωρητική προσέγγιση των πολιτικών πραγμάτων και προβλημάτων, παρά η ζύμωση με τον λαό και τις ανάγκες του, ο σχεδιασμός πολιτικών που στόχο έχουν την ευημερία και ανάπτυξη των πολιτών μιας χώρας και όχι των διεθνών αγορών.

Εποχές φτωχές ιδεολογικά, μόνο πολιτικά τερατουργήματα μπορούν να δημιουργήσουν.

Οι δημοσκοπήσεις καταδεικνύουν ότι ούτε ο Ολάντ ούτε κάποιος άλλος υποψήφιος της Αριστεράς θα καταφέρουν να περάσουν στον δεύτερο γύρο των προεδρικών εκλογών τον Μάιο του 2017, με αποτέλεσμα να θεωρείται βέβαιη η μονομαχία του Φιγιόν με την Μαρίν Λεπέν.

Η εκλογή Φιγιόν όμως έχει βαθύτερο στόχο να μπει στα χωράφια της ακροδεξιάς, έτσι ώστε να πλαγιοκοπήσει την Μαρίν Λεπέν και να αντλήσει ψηφοφόρους από την εκλογική της δεξαμενη.

Για αυτό και το σύστημα υπερθεμάτισε στην εκλογή Φιγιόν, έναντι του μετριοπαθή Ζιπέ και έπεισε ακόμη και τον Ολάντ να αποτραβηχτεί από το παιχνίδι, προκειμένου να μετατοπισθούν ψηφοφόροι για να αντιμετωπίσουν τα φαινόμενο Λεπέν. Μάλλον προκειμένου να αντιμετωπίσουν την κατακραυγή και τη οργή του κόσμου, που θα την εκδηλώσει ψηφίζοντας Λεπέν.

Γιατί αυτή είναι η πραγματική εικόνα. Ένας λαός που βιάστηκε από την ίδια του την πολιτική οικογένεια, για να συνεχίσουν τα εκτροφεία του συστήματος να παράγουν φιλελεύθερους και νεοφιλελεύθερους πολιτικούς κλώνους.

Ένα σύστημα, που ασκεί εκτελεστική εξουσία μέσα από αυτόν τον κατάπτυστο θεσμό που έχει γίνει η Ευρωπαϊκή Ένωση.

Βλέπεις έρχονται εκλογές και για την Γερμανία , που πρέπει να αποδείξει ότι συνεχίζεται η πολιτική που δίδαξε , προκειμένου να διατηρηθεί το πολιτικό κατεστημένο με διάδοχη κατάσταση τον Σόιμπλε εκεί.

Πόση απέχθεια μπορεί να νιώσει κανείς, όχι μόνο για την βρωμιά στην οποία έχουν περιέλθει οι δημοκρατικοί μας θεσμοί, οι χώρες , οι οργανισμοί, οι κρατικές ενώσεις, αλλά κυρίως για την πολιτική ανωνυμία πλέον των ιδεολογικών μας καταβολών, που μας κάνουν να βλέπουμε το ίδιο χρώμα με διαφορετικές αποχρώσεις...

Έτσι τώρα ο Φιγιόν, πρέπει να πείσει ολόκληρη τη χώρα ότι το σχέδιο του είναι μοναδικό για την πρόοδο της χώρας , όπως ισχυρίζεται ο ίδιος, προκειμένου να συνεχιστεί η ίδια και απαράλλαχτη πολιτική, που δεν γνωρίζει από ιδεολογία και δεν υπηρέτησε ποτέ τον άνθρωπο.

Το συμπέρασμα είναι, ότι ισοπέδωση θέλουν όλα για υπάρξει τελικά πραγματική αναγέννηση...

ΑΡΘΡΟ 26ο
ΤΟ «ΟΧΙ» ΤΗΣ ΟΛΛΑΝΔΙΑΣ

Συντριπτικό ΟΧΙ είπαν και οι Ολλανδοί ψηφοφόροι, τον περασμένο Απρίλιο, στο δημοψήφισμα, που αφορούσε την επικύρωση της συμφωνίας ελευθέρου εμπορίου μεταξύ της ΕΕ και της Ουκρανίας.

Οι Ολλανδοί ψηφοφόροι ψήφισαν ΟΧΙ σε ποσοστό σχεδόν διπλάσιο έναντι αυτών που ψήφισαν υπέρ. Αντί αυτό το αποτέλεσμα να προβληματίσει τις Βρυξέλλες για την δογματική νεοφιλελεύθερη πολιτική που ακολουθούν, δημιούργησε μεγαλύτερη αλαζονεία στον τρόπο των χειρισμών τους , με αποτέλεσμα το BREXIT και όλα τα σημερινά αποτελέσματα σε Ιταλία (επικράτηση του ΟΧΙ στην συνταγματική αναθεώρηση προκειμένου να περάσουν ευκολότερα την εργασιακή μερταρρύθμιση) , Αυστρία (με ισχυρό ποσοστό του ακροδεξιού ευρωσκεπτικιστή ηγέτη παρά την μη εκλογή του). Και έπεται η Γαλλία…

Συνολικά, **το 61% των Ολλανδών ψηφοφόρων τάχθηκαν κατά της συμφωνίας,** ενώ υπέρ ψήφισε μόνο το 38%.

Το δημοψήφισμα **πήρε μεγαλύτερη διάσταση** όπως και στη Ιταλία και δεν αφορούσε μόνο τη εμπορική συμφωνία με την Ουκρανία, αλλά ουσιαστικά την καταψήφιση της πολιτικής της Ευρωπαικής Ένωσης.

Η ψηφοφορία διενεργήθηκε αφότου ομάδα δημοσιογράφων στην αναρχική GeenStijl, επιχείρησε να εξασφαλίσει τις 300.000 υπογραφές που απαιτούνταν προκειμένου να διενεργηθεί το δημοψήφισμα.

Και παρότι η ολλανδική κυβέρνηση **πόνταρε στο ότι η** συμμετοχή δεν θα άγγιζε το απαιτούμενο όριο του 30%, για να καταστεί έγκυρο το δημοψήφισμα, ο λαός τους επιφύλαξε μεγάλη έκπληξη.

Και έτσι η συμμετοχή όχι μόνο ξεπέρασε το 30% , αλλά έδωσε και καθαρό στίγμα για την ευρωσκεπτικιστή διάθεση που έχει ο λαός.

Αξίζει να σημειωθεί πως και το 2005 οι Ολλανδοί είχαν πει ΟΧΙ σε σχετική πρόταση για ευρωπαϊκό σύνταγμα, προκειμένου να μην αποκτήσει υπερεξουσίες η Ευρωπαική Ένωση. Άρα οι φόβοι και οι επιφυλάξεις δεν αποτέλεσαν καινούργια διάσταση στη σχέση τους με την Ευρωπαική Ένωση.

Παρατηρούμε λοιπόν ότι και χώρες ισχυρές μέσα στην ΕΕ, όπως η Ολλανδία, όχι μόνο δεν εμπιστεύονται την πολιτική της , αλλά προσπαθούν να προστατέψουν τα νώτα τους από πιθανό έλεγχο της δικής τους κυριαρχίας στα θέματα που τους αφορούν.

Το ντόμινο των δημοψηφισμάτων δεν αμφισβητεί κανείς ότι ξεκίνησε από την χώρα μας , με εκείνο το περίφημο ΟΧΙ που στην πορεία όμως μετατράπηκε σε ΝΑΙ.

Ευτυχώς στις υπόλοιπες χώρες απέκτησε την αξία που έπρεπε να έχει απέναντι στο λαό και στις αποφάσεις του, σε επίπεδο κυβερνητικών προσεγγίσεων στα ζητούμενα της Ευρωπαικής Ένωσης.

Τα πολλαπλά ΟΧΙ , με αποκορύφωμα εκείνο του BREXIT αποτελούν και τα κελεύσματα των εποχών:

ΟΧΙ ΣΕ ΑΥΤΗ ΤΗΝ ΕΥΡΩΠΗ ΠΟΥ Η ΜΥΡΩΔΙΑ ΑΠΟ ΤΗ ΣΗΨΗ ΤΗΣ ΕΧΕΙ ΔΗΜΙΟΥΡΓΗΣΕΙ ΕΠΙΔΗΜΙΚΗ ΕΘΝΙΚΗ ΚΑΙ ΑΤΟΜΙΚΗ ΦΤΩΧΕΙΑ ΣΤΟΥΣ ΛΑΟΥΣ.

Η ΔΗΜΟΚΡΑΤΙΑ ΕΧΕΙ ΜΟΝΟΠΑΤΙΑ ΠΟΥ ΜΠΟΡΟΥΝ ΝΑ ΟΔΗΓΗΣΟΥΝ ΣΕ ΞΕΦΩΤΟ , ΠΑΡΟΤΙ ΟΙ ΔΡΟΜΟΙ ΕΙΝΑΙ ΟΛΟΙ ΚΑΤΕΙΛΛΗΜΕΝΟΙ …

ΑΡΘΡΟ 27ο

ΤΟ ΚΑΤΕΣΤΗΜΕΝΟ ΤΗΣ ΠΑΓΚΟΣΜΙΟΠΟΙΗΣΗΣ - ΠΑΓΚΟΣΜΙΟΠΟΙΗΣΗΣ ΕΔΑΦΙΟΝ / ΗΝΩΜΕΝΑ ΕΘΝΗ

Τα Ηνωμένα Έθνη καταγράφουν τα αποτελέσματα της παγκοσμιοποίησης και τον τρόπο που αυτά επηρέασαν την στροφή των λαών σε πιο εθνικιστικές θέσεις, που όμως μοιάζουν πιο αυθεντικές και τολμηρές στο να αντιμετωπίσουν τα κακώς κείμενα.

Το σύγχρονο πολιτικό κατεστημένο, οι λαοί το αντιμετωπίζουν ως μέρος τους συστήματος και για αυτό αισθάνονται ανοχύρωτοι, απροστάτευτοι απέναντι του. Τι πιο λογικό να διεκδικήσουν την περιφρούρηση των συνόρων τους και της εθνικής τους κυριαρχίας από μια συστημική πολιτική ιδεολογία, που μας θέλει όλους ίσους όχι σαν επιστέγασμα των αγώνων και των αναγκών του ανθρώπου, αλλά για να περνάει μαζικά τον καταναλωτισμό, τον δανεισμό, την εξάρτηση, τον έλεγχο ακόμη και στα όνειρα μας…

Τέτοιες δράσεις ανατροπής δια μέσου της ψήφου της Δημοκρατίας είδαμε πρόσφατα σε οικονομικά ανεπτυγμένες χώρες , όπως ΗΠΑ με την εκλογή Τραμπ και Ηνωμένο Βασίλειο με την επικράτηση του Brexit.

Η αντίσταση απέναντι στις ασχήμιες της παγκοσμιοποίησης όμως επηρέασε και την κρίση του ανθρώπου , σχετικά με τους πρόσφυγες. Οι πολίτες των ανεπτυγμένων κρατών έχοντας υποστεί ιδεολογικό εκμαυλισμό, από τους πολλά υποσχόμενους «προοδευτικούς» ηγέτες τους, τάσσονται αρνητικά στην ένταξη των προσφύγων στις κοινωνίες τους.

Η λογική είναι, ότι εφόσον απειλούνται τα πολιτικά, κοινωνικά και οικονομικά δικαιώματα μου εντός των τειχών , πόσο μάλλον να αντέξω την πίεση μιας υπερδιπλασίασης του πληθυσμού που θα ανακατανέμει τις εισοδηματικές πηγές ακόμη περισσότερο και εκεί κλείνει η ελπίδα στον πρόσφυγα που αναζητά μια αχτίδα αναγέννησης.

Στρέψανε τον άνθρωπο απέναντι στον άνθρωπο, προκειμένου να μαζικοποιήσουν την οικονομική και εξουσιαστική τους λαιμαργία.

Το προσφυγικό ζήτημα είναι τεράστιο και η μελέτη του τείνει να αλλάξει ιστορικά τους χάρτες της ιστορίας, στο όνομα μιας καινούργιας ιμπεριαλιστικής κουλτούρας , που χρησιμοποιεί τον ίδιο τον άνθρωπο ως όπλο υποταγής.

Οι καινούργιες δομές υποταγής, που συνταιριάζουν την αλληλεγγύη με την παραχώρηση των εθνικών δικαιωμάτων ενός κράτους, αποτελούν και τις πιο αλλοτριωτικές μορφές εισβολής και παράδοσης της χώρας στον κάθε μορφής προστάτη.

Οι αδελφοί Σύριοι , όπως και άλλοι λαοί που εκδιώκονται από την χώρα τους , πρέπει να βρουν καταφύγιο όχι στη αλληλεγγύη των άλλων λαών πρώτιστα (που αυτή σίγουρα θα τη βρουν), αλλά στην χρηματοδοτική υποχρέωση του συστήματος που ευαγγελίζεται την προστασία τους.

76

Γιατί προστασία βλέπω στις αγορές της ανθρώπινης ζωής , αλλά χρήματα δεν βλέπω να επενδύονται στην κοινωνική προστασία.

Μοιάζουν σαν τον νταβατζή που βγάζει τα φτωχά και ανήμπορα παιδιά στο δρόμο, προκειμένου να ζητιανέψουν από τους πολίτες και να γίνει αναδιανομή των εισοδημάτων των πολιτών και όχι ΤΩΝ ΠΡΟΚΛΗΤΙΚΩΝ ΠΛΕΟΝΑΣΜΑΤΩΝ ΤΟΥ ΔΙΕΘΝΟΥΣ ΚΕΦΑΛΑΙΟΥ. Και το πιο σημαντικό, χωρίς αυτά να καταλήγουν στον κουμπαρά των αδύναμων αλλά στον εκπορνευτή της ανθρώπινης ζωής…

Για αυτό φίλοι μου και η Ευρωπαϊκή Ένωση δυσκολεύεται να καταλήξει σε μια διευθέτηση, όσον αφορά την διαχείριση του τεράστιου αριθμού των προσφύγων που υποδέχθηκε, αντί να βάλει το χέρι στην τσέπη και να βγάλει τα πλεονάσματα που απόκτησε εις βάρος αυτών των λαών και να τα ανακατανέμει για τη προστασία , την περίθαλψη και αποκατάσταση τους.

Το μεγαλύτερο πυρηνικό όπλο στις μέρες μας είναι ο ίδιος ο άνθρωπος, ο οποίος σύρεται μέσα από πολέμους και κακουχίες αναζητώντας μια καλύτερη πατρίδα , και που χωρίς να το γνωρίζει κουβαλάει τον ιό της εισβολής των δυναστών του σε άλλους λαούς.

Αυτό αγαπητοί μου ονομάζεται παγκοσμιοποίηση δια χειρός του συστήματος, χωρίς να τρέξει αίμα…

Η αλληλεγγύη είναι επιλογή αυτόβουλη και αναγκαία για να προσαρμόζονται οι λαοί μεταξύ τους και όχι όπλο του συστήματος για να απωλέσουν εθνική κυριαρχία.

Και μάλλον αυτό θέλουν να φωνάξουν όσοι πολίτες δεν είναι φασίστες , δεν είναι εθνικιστές , αλλά βρίσκονται σε κατάσταση άμυνας "state of defense" ψηφίζοντας ακροδεξιά, ακραία εθνικιστικά , ή ευρωσκεπτικιστικά κόμματα.

Κατάφεραν να παραμερίσουν τον άνθρωπο να υποτάξουν την ιδεολογία του , κάνοντας τον να μοιάζει παλιάτσος που αναγκάζεται να ψηφίσει ανατροπή , προκειμένου να διώξει τους παγκοσμιοποιητές από τον σβέρκο του.

Στον αναπτυγμένο κόσμο βρίσκονται οι μεγαλύτεροι χαμένοι της παγκοσμιοποίησης, καθώς αυτοί που χάνουν τις δουλειές τους , τις χάνουν προκειμένου να αναζητηθεί φθηνότερο εργατικό δυναμικό εντός των τειχών. Εκμετάλλευση δηλαδή αυτών που μένουν –εκμετάλλευση και αυτών που έρχονται.

Το πρόσωπο της δουλείας τείνει να γίνει persona grata της παγκοσμιοποίησης, τα διαπιστευτήρια σου στο σύστημα. Και το πρόσωπο της αξιοπρέπειας αναντίστοιχα τείνει να γίνει το persona non grata, η ανεπιθύμητη βούληση.

Και οι λαοί εξοργίστηκαν, γιατί τα πολιτικά κόμματα εξουσίας και οι διεθνείς οργανισμοί δεν τους δίνουν καμία σημασία και για αυτό θα ψηφίζουν ότι πιο αντισυστημικό εμφανίζεται στον ορίζοντα…

Ήρθε η ώρα να αντιμετωπίσουμε λοιπόν σοβαρά αυτό το φαινόμενο και αποτρέψουμε τα χειρότερα, αλλάζοντας εκ βάθρων τις σάπιες ιδεολογικές αναφορές στη παγκοσμιοποίηση , αλλιώς θα βρείτε και όσους έχουμε απομείνει στο ΑΠΕΝΑΝΤΙ ΤΣΟΥΝΑΜΙ.

ΚΑΙ ΑΝΤΕ ΝΑ ΔΟΥΜΕ ΠΟΙΟΣ ΘΑ ΣΑΣ ΣΩΣΕΙ...

ΑΡΘΡΟ 28ο

Η ΑΝΑΠΤΥΞΗ ΤΗΣ ΙΑΜΑΤΙΚΗΣ ΙΑΤΡΙΚΗΣ ΣΤΗΝ ΕΛΛΑΔΑ

Η Ιαματική Ιατρική αποτελεί εναλλακτική προσέγγιση της Κλασικής Ιατρικής ως συμπληρωματικό θεραπευτικό σχήμα, αντιπροσωπεύοντας την καθιερωμένη στο εξωτερικό Κλινική Υδροθεραπεία και Ιατρική Κλιματοθεραπεία, γνωστές ειδικότητες που υπήρχαν και στην Ελλάδα έως και το 1952.

Η Ιαματική Ιατρική μπορεί να αποτρέψει πλήθος προβλημάτων, που αφορούν όχι μόνο στην υγεία του ατόμου που νοσεί, αλλά και στην οικονομία της χώρας του, που επιβαρύνεται με δαπάνες για την αποκατάσταση της υγείας του.

Η εφαρμογή της στην υγεία, αφορά νοσήματα του μυοσκελετικού, νευρικού, αναπνευστικού, καρδιαγγειακού, αιμοποιητικού, γαστρεντερικού, ουρολογικού και ενδοκρινολογικού συστήματος, καθώς και σε δερματολογικές, ωτορινολαρυγγολογικές, γυναικολογικές, αλλεργικές και περιοδοντικές παθήσεις.

Η Ελλάδα με πλούσια πολιτιστική και ιστορική κληρονομιά, καθώς και τη φημισμένη μεσογειακή διατροφή, είναι η πρώτη χώρα στην Ευρώπη με ποιότητα και μοναδικότητα των ιαματικών φυσικών πόρων (750 ιαματικές πηγές, εκ των οποίων οι 82 είναι ενεργές και από αυτές, οι 34 είναι αναγνωρισμένες με Φ.Ε.Κ. για θεραπευτικές χρήσεις).

Έτσι η δράση της Ιαματικής Ιατρικής καθίσταται πολύτιμη όχι μόνο για τον άνθρωπο σε επίπεδο πρόληψης και θεραπείας , αλλά και για την ίδια τη χώρα σε επίπεδο τουριστικής ανάπτυξης και πηγής εσόδων.

Η βασική ιδέα είναι οι πολλές και σημαντικές πηγές που υπάρχουν σήμερα να εξελιχθούν από Θερμαλιστικά Κέντρα σε Κέντρα Ιαματικής Ιατρικής (Health Resorts), σε συνδυασμό με όλες τις εναλλακτικές μορφές τουρισμού που συνάδουν με το πνεύμα της βιώσιμης και αειφόρου ανάπτυξης, δίνοντας προστιθέμενη αξία στο τουριστικό προϊόν.

Η ίδρυση της Ελληνικής Ακαδημίας Ιαματικής Ιατρικής, από το 1ο Πανελλήνιο Συνέδριο Ιαματικής Ιατρικής στα Καμένα Βούρλα το 2015, προωθεί την ανάπτυξη του ιαματικού τουρισμού με επιστημονικές τεκμηριωμένες μεθόδους, προβάλλοντας στον Διεθνή χώρο τις ευεργετικές ιδιότητες των ιαματικών πηγών σε συνδυασμό πάντα με το βιοκλίμα της Ελλάδας, κυρίαρχο συγκριτικό πλεονέκτημα έναντι άλλων χωρών.

Το έργο της Ακαδημίας Ιαματικής Ιατρικής έχει διαδοθεί στο εξωτερικό θεαματικά και αποτελεί σήμερα πρεσβευτή της χώρας μας όχι μόνο στον τομέα της υγείας αλλά και του τουρισμού. Αποτελεί υποστηρικτική δράση για την οικονομία της χώρας, καθώς μπορεί να συμβάλλει ουσιαστικά την τουριστική ανάπτυξη όχι μόνο των αστικών κέντρων αλλά και της περιφέρειας δημιουργώντας παράλληλη τοπική οικονομία, που σημαίνει παράλληλα εισοδήματα κυρίαρχα στις αγροτικές οικονομίες.

Ο ιδρυτής και Πρόεδρος της Ελληνικής Ακαδημίας Ιαματικής Ιατρικής κος Κωνσταντίνος Κουσκούκης, Καθηγητής Δερματολογίας - τ. Αντιπρύτανης και Νομικός διοργάνωσε και φέτος με μεγάλη επιτυχία το 2° Πανελλήνιο Συνέδριο Ιαματικής Ιατρικής, στο ξενοδοχείο ΘΕΡΜΑΙ-ΣΥΛΛΑ, που αποτελεί Πρότυπο Ιαματικό Κέντρο, στην περίφημη λουτρόπολη της Αιδηψού.

Εκλεκτοί επιστήμονες ανάλυσαν και παρουσίασαν τα καινούργια δεδομένα σχετικά με την επίδραση του ιαματικού νερού στην πρόληψη, αποκατάσταση και βελτιστοποίηση της υγείας του ανθρώπου, καθώς επίσης και τα προβλήματα που αντιμετωπίζει η χώρα και οι λουτροπόλεις, σχετικά με την ανάπτυξη και πιστοποίηση των κατάλληλων υποδομών για τη υποδοχή του ιαματικού τουρισμού.

Ο ιαματικός τουρισμός αποτελεί σοβαρή επένδυση για τη χώρα και η Πολιτεία οφείλει να σκύψει και να επενδύσει ουσιαστικά στους καινούργιους τομείς παραγόμενων υπηρεσιών που έχουν αναδειχθεί εν μέσω κρίσης και μπορούν να αποδειχθούν ιδιαίτερα χρήσιμοι για τη οικονομία.

ΑΡΘΡΟ 29°

ΤΑ ΧΡΙΣΤΟΥΓΕΝΝΑ ΤΗΣ ΕΝΕΡΓΕΙΑΚΗΣ ΜΙΖΕΡΙΑΣ

Στην Ισπανία όπως και στην Ελλάδα τα νοικοκυριά βιώνουν εποχές απίστευτης εξαθλίωσης.

Κόβουν τη θέρμανση, φωτίζονται με κεριά ή κάνουν μπάνιο μία μόνο φορά την εβδομάδα. Τα υπέρογκα τιμολόγια των οργανισμών ενέργειας αναγκάζουν τον κόσμο να βρίσκεται ευάλωτος απέναντι στο κρύο και τις πυρκαγιές.

Σύμφωνα με την Ένωση Επιστημών του Περιβάλλοντος, η κατάσταση αυτή προκαλεί τον θάνατο 7.100 ανθρώπων το χρόνο.

Η βαθιά οικονομική κρίση που πέρασε η Ισπανία τα τελευταία χρόνια εκτίναξε την ανεργία στα ύψη , ενώ παράλληλα οι χρεώσεις για το νερό, το φυσικό αέριο και το ηλεκτρικό ρεύμα αυξήθηκαν 30% με 50%, και ο λαός επαφίεται στην βοήθεια των μη κυβερνητικών οργανώσεων, προκειμένου για να επιβιώσει.

Η κατάσταση αυτή, την οποία καταγγέλλουν εδώ και χρόνια οι μη κυβερνητικές οργανώσεις, ήρθε στη δημοσιότητα, όταν θάνατοι πολιτών από πυρκαγιές ξεσήκωσαν την κοινή γνώμη.

Οι πυροσβέστες της Καταλονίας επισημαίνουν, ότι έχουν βρει ανθρώπους που ζεσταίνονται καίγοντας εφημερίδες ή ακόμη και παπούτσια...

Σύμφωνα με στοιχεία της ένωσης καταναλωτών Facua, η τιμή του φυσικού αερίου στην Ισπανία το 2015, ήταν η τρίτη υψηλότερη σε ολόκληρη την ΕΕ και η τιμή του ηλεκτρικού ρεύματος η τέταρτη πιο υψηλή. Την ίδια στιγμή περίπου 600.000 νοικοκυριά δεν ήταν σε θέση να πληρώσουν το ρεύμα.

Αλλά παρόμοιες συνθήκες ισχύουν και στην Ελλάδα. Σύμφωνα με μελέτη της ίδιας της Ευρωπαικής Ένωσης, η ενεργειακή φτώχεια πλήττει περίπου το 36% των νοικοκυριών στην Ελλάδα.

Πιο συγκεκριμένα σύμφωνα με το Ευρωπαϊκό Ινστιτούτο Απόδοσης Κτιρίων, η Ελλάδα βρίσκεται στις τρεις πρώτες χώρες με τα πιο υψηλά ποσοστά ενεργειακής φτώχειας στην Ευρώπη, καθώς το 70% των νοικοκυριών αδυνατεί να διατηρήσει την κατοικία του ζεστή σε αναντιστοιχία με το 10,8% στην Ευρώπη, το 50,7% καθυστερεί να αποπληρώσει οφειλές στους Οργανισμούς Κοινής Ωφελείας σε αναντιστοιχία με το 10,5% της Ευρώπης και το 29,5% ζει σε κατοικίες με ακατάλληλες συνθήκες διαβίωσης σε αναντιστοιχία πάλι με το 15,1% της Ευρώπης.

Η μνημονιακή πολιτική λιτότητας όμως επιβάλλει νέα αύξηση στους ήδη υψηλούς φόρους στο πετρέλαιο θέρμανσης, με αποτέλεσμα να είναι ανυπολόγιστος ο αριθμός όσων δεν μπορούν να προμηθευτούν πετρέλαιο θέρμανσης.

Το αποτέλεσμα είναι αυτοσχέδιοι μηχανισμοί θέρμανσης όπως και στην Ισπανία και ΠΟΛΛΑ ΘΥΜΑΤΑ, που αφορούν είτε πυρκαγιές είτε την έκθεση των πολιτών σε αιωρούμενα σωματίδια.

Το αποτέλεσμα είναι προιόν της κατάπτυστης πολιτικής των μνημονίων. Και η Ισπανία ακόμη μαστίζεται από το έλλειμμα –και η Ελλάδα ακόμη μαστίζεται από το έλλειμμα.

Το αποτέλεσμα είναι προιόν των επιβαλλόμενων πλασματικών πλεονασμάτων και των γ…αγορών.

ΑΝΑΡΩΤΙΕΜΑΙ ΥΠΑΡΧΕΙ ΤΕΛΙΚΑ ΠΡΑΓΜΑΤΙΚΗ ΕΞΟΔΟΣ ΑΠΟ ΤΑ ΜΝΗΜΟΝΙΑ ;

Αλήθεια αναρωτιέμαι, υπάρχει κάποιος από αυτούς που καταφέρνουν ακόμη και επιβιώνουν, που θα κάνει Χριστούγεννα φέτος με την συνείδηση του επαναπαυμένη, όταν γνωρίζει ότι δίπλα του συμπολίτες του κοιμούνται στο δρόμο ή γίνονται παρανάλωμα πυρκαγιών;

Αν για κάτι εφευρέθηκαν τα Χριστούγεννα και πρέπει να γεννήσουν, αυτό είναι ΑΝΤΙΣΤΑΣΗ ΣΤΗ ΣΦΑΓΗ ΤΟΥ ΑΝΘΡΩΠΟΥ ΑΠΟ ΤΗΝ ΕΞΟΥΣΙΑ ΤΟΥ ΧΡΗΜΑΤΟΣ ΚΑΙ ΤΟΥ ΕΛΕΓΧΟΥ ΤΩΝ ΛΑΩΝ.

Και οι υπόλοιπες ευχές ας γίνουν πέτρες στα χέρια μας αγαπητοί συμπολίτες…

ΚΑΛΑ ΧΡΙΣΤΟΥΓΕΝΝΑ…

ΑΡΘΡΟ 30ο

Η ΙΤΑΛΙΚΗ ΦΤΩΧΕΙΑ ΕΦΕΡΕ ΤΗΝ ΑΝΑΤΡΟΠΗ...

60% το ΟΧΙ στην Ιταλία, με σημαντικό ποσοστό προσέλευσης στις κάλπες που έφτασε και αυτό το 60%. Αδιαμφισβήτητη η απόφαση του Ιταλικού λαού, που στην πλειοψηφία του είπε ένα βροντερό ΟΧΙ στην εκχώρηση εθνικών εξουσιών στο ελεγχόμενο από το Βερολίνο κέντρο των Βρυξελλών.

Συντριπτική λοιπόν η νίκη του Ιταλικού λαού, απέναντι στις δημοκρατικές του ελευθερίες. Κατάλαβε το ύπουλο σχέδιο επιβολής της εργασιακής «μεταρρύθμισης» , καθώς και άλλων κατάπτυστων μέτρων λιτότητας και υπερεξουσιών των πολυεθνικών, που προσπαθεί να επιβάλλει η Ευρωπαϊκή Ένωση, μέσω της κατάργησης της γερουσίας.

Παραιτείται ο Ματέο Ρέντσι, αναλαμβάνοντας την πολιτική ευθύνη για την ήττα στο δημοψήφισμα για την συνταγματική αναθεώρηση και καλά κάνει, γιατί η τόλμη του δεν στάθηκε ικανή να προβάλλει ο ίδιος το ΟΧΙ στους δανειστές της Ιταλικής οικονομίας, που σε αντάλλαγμα γύρευαν την υποδούλωση.

Πανικός στις τράπεζες , τα χρηματιστήρια και την Ευρώπη , καθώς η Ιταλία αποτελεί την Τρίτη μεγαλύτερη οικονομία της Ευρώπης. Οι διεθνείς αγορές παρακολουθούν με αγωνία τις εξελίξεις, ελπίζοντας σε αντικατάσταση του Ρέντσι από κάποιον πιο πιστό στη γραμμή της λιτότητας, όπως ο υπουργός Οικονομικών Πιερ-Κάρλο Πάντοαν.

Ο Ιταλός πρόεδρος Σέρτζιο Ματαρέλα όμως δίνει εντολή σχηματισμού νέας κυβέρνησης στον έως σήμερα υπουργό Εξωτερικών Πάολο Τζεντιλόνι, μέχρι να διενεργηθούν το συντομότερο βουλευτικές εκλογές.

Η Ευρωπαϊκή Κεντρική Τράπεζα δηλώνει έτοιμη να εντείνει τις αγορές ιταλικών κρατικών ομολόγων , προκειμένου να μην καταρρεύσουν οι ιταλικές τράπεζες, οι οποίες είναι πρωταθλήτριες στα κόκκινα δάνεια. Σε σύνολο 990 δισ. ευρώ κόκκινων δανείων στην ευρωζώνη, τα 286 δισ. ευρώ, τα έχουν οι ιταλικές τράπεζες.

Γιατί, γιατί όμως όλα αυτά...

Γιατί ένας στους τέσσερις Ιταλούς , περίπου το 28,7% του πληθυσμού κινδυνεύει να βρεθεί σε κατάσταση ένδειας ή κοινωνικού αποκλεισμού, σύμφωνα με το Εθνικό Στατιστικό Ινστιτούτο ISTAT. Με ποια λογική μπορεί να έχει τη δυνατότητα να αποπληρώνει δάνεια. Με καμία. Ούτε τώρα, ούτε ποτέ...

Γιατί οι στόχοι που έχει θέσει η Ευρωπαϊκή Ένωση για την καταπολέμηση της φτώχειας, είναι να κάνουν τους Ιταλούς φτωχότερους με τις απίθανες μεταρρυθμίσεις τους, να βυθίζεται η χώρα στο έλλειμμα και έτσι να υπόκειται στην εκμετάλλευση του δανεισμού.

Το ΟΧΙ όμως της Ιταλίας είναι πολύ μεγάλο για τον ευρωπαικό μηχανισμό στήριξης και σύντομα θα μπει στο τραπέζι το θέμα της παραμονής της χώρας στην Ευρωζώνη.

Το Κίνημα των Πέντε Αστέρων, το οποίο οι δημοσκοπήσεις δίνουν νικητή με το ισχύον πλειοψηφικό σύστημα, στις επικείμενες εκλογές, επιδιώκει την διεξαγωγή δημοψηφίσματος για τη παραμονή ή όχι της χώρας στο ευρώ. Γιατί θεωρεί ότι οι επιπτώσεις της εισόδου στο ευρώ : η απώλεια δυνατότητας αγοράς, η μείωση στις αποδοχές, η μείωση της ανταγωνιστικότητας των επιχειρήσεων, η κοινωνική υποβάθμιση, η ανεργία, αποδείχτηκαν καταστροφικές για την Ιταλική οικονομία και κοινωνία.

Και αυτή η Ευρωκρίση νο2, που θα προκληθεί, δεν θα είναι εύκολο να ξεπεραστεί, καθώς η Νότια Ευρώπη αργοπεθαίνει από την ανεργία , τα μειωμένα εισοδήματα και συντάξεις, δεδομένα που δημιούργησε η άθλια πολιτική της λιτότητας, επιβεβαιώνοντας την ανάγκη για την οικοδόμηση μιας ριζοσπαστικής στροφής στην πολιτική της Ευρώπης ή αλλιώς την διάλυση της...

Όσο για την προπαγάνδα που χρησιμοποιεί το σύστημα με την καταστροφολογία , την κινητοποίηση των ευρωπαϊκών θεσμών, των ΜΜΕ και άλλων φορέων του κατεστημένου, προκειμένου να πείσουν την κοινή γνώμη, θα έχει όπως περίτρανα αποδείχτηκε αντίθετο αποτέλεσμα και θα εξωθεί τη κοινή γνώμη, με μεγαλύτερο πάθος, στην αντισυστημική ψήφο.

Η ΛΥΣΗ ΕΙΝΑΙ ΚΑΘΑΡΗ ΚΑΙ ΙΔΕΟΛΟΓΙΚΑ ΚΑΙ ΤΕΧΝΟΚΡΑΤΙΚΑ ΚΑΙ ΑΥΤΗ ΕΙΝΑΙ ΠΡΟΣΑΝΑΤΟΛΙΣΜΟΣ ΣΤΗΝ ΚΑΤΑΠΟΛΕΜΗΣΗ ΤΗΣ ΦΤΩΧΕΙΑΣ ΤΩΝ ΛΑΩΝ ΜΕ ΑΝΑΚΑΤΑΝΟΜΗ ΠΛΕΟΝΑΣΜΑΤΩΝ ΑΠΟ ΤΙΣ ΠΛΟΥΣΙΟΤΕΡΕΣ ΣΤΙΣ ΦΤΩΧΟΤΕΡΕΣ ΧΩΡΕΣ.

ΑΛΛΙΩΣ...ΑΝΤΕ ΓΕΙΑ!!!